D1754289

Das perfekte Match – endlich die große Liebe im Online Dating finden!

© 2019
Alle Rechte vorbehalten.

Herausgegeben von:

lm-ebook@web.de
Lisa Geywitz
Heideweg 9
89160 Dornstadt

Melanie Scharmann
Auchtweide 11
73312 Geislingen

Das Werk, einschließlich seiner Teile, ist urheberrechtlich geschützt. Jede Verwertung ist ohne Zustimmung der Herausgeber unzulässig. Dies gilt insbesondere für die elektronische oder sonstige Vervielfältigung, Übersetzung, Verbreitung und öffentliche Zugänglichmachung.

Inhaltsverzeichnis

Vorwort   5

Kapitel 1   8

Dein Start im Online Dating

Kapitel 2   18

Was heißt es überhaupt, den richtigen Partner zu finden?

Kapitel 3   25

Wer bist du und was willst du?

Kapitel 4   40

Die erste Kontaktaufnahme

Kapitel 5   49

Die verschiedenen Kommunikationsmöglichkeiten

Kapitel 6   52

Das erste Date

Kapitel 7   62

Hat er ernsthaftes Interesse?

Kapitel 8   69

Funkstille – was nun?

Kapitel 9   76

Was dein Umfeld mit deinem
Bauchgefühl zu tun hat

Kapitel 10   80

Weitere Dates

Kapitel 11   85

Der erste Kuss und das erste Mal

Kapitel 12   97

Woran erkennst du,
ob er wirklich der Richtige ist?

Kapitel 13   100

Dein perfektes Match –
Start in die Beziehung

Vorwort

Herzlichen Glückwunsch zum Kauf deines neuen Buches und der Start in dein neues Leben. Wenn du das alles umsetzt, was wir dir an die Hand geben, wirst du bald eine langerfüllte und glückliche Beziehung führen können.

Heutzutage ist es so, dass sich immer mehr Menschen online kennenlernen, weil sich die Gesellschaft in den letzten Jahren extrem verändert hat.
Denn es fällt den meisten Menschen einfach leichter jemandem zu schreiben, als jemanden in einer Bar anzusprechen. Man steht der Person nicht direkt gegenüber, wodurch man eher selten in eine peinliche Situation kommt oder eine Abfuhr bekommen könnte.

So, und nun zu uns:

Vorwort

Wir möchten uns ganz kurz bei dir vorstellen und dir erklären, warum wir dieses Buch geschrieben haben und was dich hier erwarten wird.

Wir sind Lisa und Melanie, zwei gute Freundinnen. Zusammen haben wir beschlossen unsere Erfahrungen und Tipps im Online Dating weiterzugeben und wollen dir von ganzem Herzen helfen, deine große Liebe zu finden!

Ich, Lisa, habe jahrelange Erfahrung im Online Dating gesammelt und durch unzählige Dates die unterschiedlichsten Männer kennengelernt.
Ich weiß genau, worauf zu achten ist und wie Männer ticken.

Ich, Melanie, habe bereits online meine große Liebe gefunden, mit der ich schon seit über sechs Jahren eine glückliche Beziehung führe.

Durch unsere jahrelangen Erfahrungen haben wir eine sehr gute Menschenkenntnis entwickelt. In unserem Buch erklären wir dir nicht nur Schritt für Schritt, wie du den Richtigen findest, sondern geben dir auch persönliche Erfahrungsberichte und wertvolle Praxistipps an die Hand, die du direkt umsetzen kannst.

Jetzt wünschen wir dir ganz viel Spaß und bedanken uns vorab für dein Vertrauen!

Kapitel 1
Dein Start im Online Dating

Heutzutage gibt es unglaublich viele Dating Apps, wodurch es immer schwieriger wird, die Passende für sich zu finden. Damit du dich nicht zuerst durch eine Menge an Apps durchwühlen musst, sondern direkt loslegen kannst, haben wir dir die beliebtesten Dating Apps aufgelistet und wir sagen dir natürlich auch, worin sie sich unterscheiden. So kannst du am besten für dich herausfinden, welche App dir das bietet, wonach du suchst.

Tinder

Tinder ist in Deutschland die wohl beliebteste Dating App. Zum Anmelden benötigst du lediglich ein Facebookprofil. Sobald du dein Profil angelegt hast, bekommst du automatisch Match-Vorschläge. Hier siehst du lediglich das Profilbild des Users, seinen Vornamen und sein Alter. Du kannst entweder nach links wischen, wenn er dir nicht gefällt oder nach rechts, wenn er dir gefällt und du ihn gerne kennenlernen würdest. Wenn dein Gegenüber ebenfalls nach rechts wischt, habt ihr ein sogenanntes „Match". Ihr könnt euch nun kontaktieren. Ein weiterer Vorteil bei Tinder ist, dass du anhand des Standortes weitere Kontakte in deiner Nähe findest. Außerdem werden anhand der angegebenen Interessen Gemeinsamkeiten ermittelt.

Badoo

Die App Badoo ist eigentlich auf Dating spezialisiert, jedoch sind nicht alle Mitglieder auf Partnersuche. Manche nutzen die App nur, um neue Bekanntschaften zu finden. Du hast die Möglichkeit durch eine Suchfunktion bzw. Umgebungssuche Singles in deiner Nähe zu finden.
Bei Badoo gibt es die sogenannte "Volltreffer" - Funktion. Du kannst Profilbilder anderer Mitglieder liken. Wenn zwei Singles ihre Profilbilder gegenseitig liken, stellt die App den Kontakt her. Außerdem kannst du sehen, wem du bereits zufällig irgendwo begegnet bist.

Jaumo

Wenn dir nur Männer angezeigt werden sollen, die genau deine Interessen wiederspiegeln, ist Jaumo genau richtig für dich. Du kannst genau einstellen, wen du sehen möchtest.

Beispiele: Raucher/Nichtraucher, ob er tätowiert sein soll oder sogar ob er Haustiere oder Kinder hat. Wie bei allen Apps werden dir auch hier anhand deines Standortes nur User aus der Nähe angezeigt.

Lovoo

Lovoo funktioniert ähnlich wie Tinder, auch hier bekommst du Match-Vorschläge, allerdings kannst du interessante Profile auch einfach so anschreiben. Du hast sogar die Möglichkeit, ein Profil zu liken - dadurch zeigst du ihm, dass du sein Profil toll findest und er dir gefällt. Daraufhin kann er dann reagieren oder auch nicht. Selbstverständlich siehst du auch, wer dich liked. Durch einen Live-Radar weißt du außerdem ganz genau, wer sich gerade ganz in deiner Nähe befindet. Dies ermöglicht dir mit Leuten zu schreiben, die in deiner Umgebung leben oder sich zumindest gerade dort befinden. Ideal für spontane Bekanntschaften! Mit der Live-Funktion kannst du mehr von anderen entdecken und natürlich auch selbst live über die verschiedensten Themen sprechen.

Bumble

Bumble ist nicht nur zum Daten - sondern auch, um neue Bekanntschaften oder Geschäftskontakte zu knüpfen. Dies kannst du direkt am Anfang einstellen, ob du nach einem Date oder einfach nur einer neuen Freundin Ausschau hältst. Natürlich kannst du diese Einstellung jederzeit ändern. Zur Anmeldung benötigst du auch hier nur einen Facebookaccount. Bumble hat dieselbe Match-Funktion, wie Lovoo und Tinder, allerdings können hier nur Frauen die erste Nachricht schreiben, wenn ein Match zustande gekommen ist. Alle User müssen Angaben zur Schule, Uni oder dem Job machen. Dadurch möchten die Erfinder Missbrauch verhindern und Online Dating sicherer machen.

Dies war nur ein kleiner Teil an Dating Apps - es gibt natürlich noch unzählig weitere Möglichkeiten. Für welche du dich entscheidest, musst du selbst herausfinden. Wir empfehlen dir, dass du einfach mal mehrere Apps ausprobierst - so merkst du gleich, welche Plattform dir am meisten Spaß macht!

Außerdem möchten wir noch erwähnen, dass du deine große Liebe nicht nur über Dating Plattformen finden kannst, sondern auch in verschiedenen sozialen Netzwerken, wie beispielsweise Facebook oder Instagram.

Wie du dein Profil richtig gestaltest

Nun hast du dir eine oder mehrere Dating Apps ausgesucht und dich bereits angemeldet. Damit hast du den ersten Schritt zur Beendigung deines Single Daseins bereits getan. Jetzt kommt es nur noch darauf an, den richtigen Partner auf dich aufmerksam zu machen. Was ist dafür am entscheidensten? Ein ansprechendes, aussagekräftiges Profil, das Interesse weckt, jedoch nicht zu viel verrät!
Merke dir eins - dein Profil ist wie deine virtuelle Visitenkarte. Gerade online geht es um Sekunden und den ersten Eindruck, ob es matcht oder nicht. Daher ist dein Profilbild das Allerwichtigste. Noch bevor sich dein Profil durchgelesen wird, entscheidet Mann aufgrund der Optik, ob du überhaupt für ihn in Frage kommst. Klar ist das sehr oberflächlich, dies aufgrund des Erscheinungsbildes zu

entscheiden. Jedoch hat sich unsere Gesellschaft, wie bereits

erwähnt, in den letzten Jahren stark verändert, denn das erste, was man sieht ist nun mal das Äußere, sprich ob jemand gepflegt ist oder nicht, ob jemand auf sich achtet, oder nicht. Du entscheidest schließlich auch erst einmal anhand des Profilbildes, ob du mit einem Mann in Kontakt treten möchtest, oder etwa nicht?

Das bedeutet allerdings nicht, dass du ein Foto von dir im Profil haben musst, bei dem du aussiehst, wie ein Topmodel. Verwende am besten ein Portraitfoto, bei dem man dich gut erkennen kann - am besten mit einem freundlichen und sympathischen Lächeln, aber ohne Sonnenbrille.

Achte vor allem auch auf eine gute Bildqualität. Besonders die Augen sollten gut erkennbar sein. Bilder in der Dunkelheit sind ebenso ungeeignet, wie Bilder, bei denen man direkt in die Sonne blinzelt. Frag doch einfach mal eine Freundin, ob sie draußen ein paar schöne Fotos von dir schießt.

Tipps für die perfekte Beleuchtung

Vermeide Licht, welches direkt von oben kommt und suche dir einen Unterschlupf, wie z.B. Dächer, Balkone, Hauseingänge, Bäume etc. Alternativ kannst du auch etwas warten, bis die Sonne tiefer steht oder dich in den Schatten stellen. Am idealsten sind Outdoor Aufnahmen am Morgen bei Sonnenaufgang oder am Abend bei Sonnenuntergang. Achte darauf kein Blitzlicht zu verwenden, denn damit leuchten im schlimmsten Fall die Augen rot und außerdem wirkt die Haut blass und unnatürlich. Am besten sind Fotos bei natürlichem Licht.

Weitere Tipps für das perfekte Profilbild

Vermeide direkte Frontalaufnahmen, denn diese erinnern schlimmstenfalls direkt an Fahndungsbilder. Neige deinen Kopf gerne leicht schräg zur Seite. Dadurch wirkt das Foto gleich viel lebendiger. Im Idealfall sind lediglich dein Kopf und deine Schultern zu sehen. Bei den anderen Bildern kannst du auch gerne Ganzkörperfotos reinstellen oder Bilder, bei denen du in Action bist oder deinem Hobby nachgehst.

Bei Portraitfotos ist es wichtig, dass du niemals von unten fotografierst, denn dies wirkt sehr unvorteilhaft. Lass dich lieber auf Augenhöhe fotografieren oder leicht von oben. Damit betonst du deine Augen.

Verwende unbedingt ein aktuelles Profilbild. Vor allem, wenn sich Haarfarbe, Frisur oder Gewicht in der Zwischenzeit stark verändert haben. Du kannst nur den richtigen Partner anziehen, wenn der Kontakt von Anfang an auf Ehrlichkeit und Offenheit basiert. Dazu gehört auch, selbstbewusst zum eigenen Körper zu stehen.

Alle weiteren Fotos können dich zum Beispiel in Urlaubssituationen zeigen, beim Ausüben eines Hobbys oder beim Kuscheln mit deinem Haustier. Stelle einfach Bilder online, die deine Persönlichkeit und deinen Lifestyle wiederspiegeln. Damit machst du es Männern leichter, dich darauf anzuschreiben, ohne dass du durch irgendwelche einfallslosen Floskeln angeschrieben wirst. Wir raten dir maximal drei bis fünf Fotos von dir online zu stellen.

Weitere Tipps für dich

- Fotos, die deine Zielgruppe ansprechen. Wenn du einen Mann kennenlernen möchtest, der aktiv, sportlich und intelligent ist, musst du dies auch in deinen Bildern kommunizieren.

- Stelle keine zu freizügigen Fotos auf dein Profil. Auch, wenn du dich in weit ausgeschnittenen Oberteilen oder in kurzen Röcken am wohlsten fühlst, sind solche Bilder eher kontraproduktiv, wenn du den Mann fürs Leben finden willst. Damit könntest du falsche Signale setzen.

- Sei bei deinen Fotos authentisch und verstell dich nicht. Schließlich schaust du dich nach einem Mann um, der wirklich zu dir passt.

Aussagekräftige Selbstbeschreibung - sei konkret

Anstatt zu schreiben: Ich gehe gerne ins Kino, verrate doch lieber, welche Filme du gerne schaust. Oder anstatt zu schreiben: Ich reise gern, verrate lieber, wo du in deinem Leben noch unbedingt hin möchtest oder was dein bisheriges Lieblingsreiseziel ist. Das macht einen großen Unterschied - denn ob du gerne ins Kino gehst verrät nichts über deine Persönlichkeit. Je authentischer und direkter du auftrittst, desto eher wird sich der passende Mann für dich finden. Außerdem bietest du so dem anderen einen guten Grund, um interessiert nachzuhaken!

Kapitel 2
Was spricht für ein perfektes Match?

Wir begegnen so einigen Menschen in unserem Leben. Kennst du das, wenn du jemanden neu kennenlernst und du dich mit dieser Person auf Anhieb richtig gut verstehst und du dich auch sehr wohl in ihrer Anwesenheit fühlst? Wir sind uns sicher, dass du genau weißt, was wir meinen. Obwohl man sich gerade erst kennengelernt hat, ist man total auf einer Wellenlänge und man hat fast das Gefühl, diese Person schon seit Jahren zu kennen. Verrückt oder? Man ist sich schon so vertraut, obwohl man sich gerade erst kennengelernt hat.

Die einen mögen wir auf Anhieb, die anderen eher weniger. Das ist allerdings völlig normal! Aber woher weißt du denn, wann du es mit dem richtigen Partner zu tun hast? Woran erkennst du deine große Liebe?

Zuerst musst du selbst einmal ganz genau wissen, wer du bist und was du überhaupt willst. Oft glaubt man ganz genau zu wissen, was man im Leben möchte. Aber eigentlich machen wir uns darüber viel zu wenig Gedanken.

Genau deshalb finden wir mit Hilfe dieses Buches gemeinsam raus, was du im Leben möchtest und vor allem welcher Partner zu dir passt.

Leider ist es auch oft so, dass wir gerade in der Kennenlernphase schon ein bisschen die rosarote Brille tragen und vieles gar nicht wahrnehmen.
Gerade zu Beginn will man dem anderen gefallen und man möchte außerdem einen möglichst guten ersten Eindruck hinterlassen. Oft vergessen wir uns dabei selbst und gerade als Frau bemühen wir uns „gut" anzukommen und aufmerksam zu sein. Jedoch kann man schon beim ersten Treffen so einiges über den anderen herausfinden, wie der andere tickt, welche Werte er vertritt und welche Einstellung er teilt.
Hier ein kleines Beispiel aus einem Date von Lisa:
Ich hatte mal ein Date mit einem sehr hübschen Mann, der mir immer sehr viele Komplimente gemacht hat. Klar, als Frau freut man sich darüber! Bis dann einmal die Frage kam: „Wieso schminkst du dich eigentlich, das machst du doch nur für die anderen?"

Was glaubt ihr, was ich geantwortet habe? Ich habe mich gerechtfertigt und erklärt, dass ich das mache, weil es mir Spaß macht und ich es nur für mich mache! Er hat dann weitergebohrt und es kam die folgende Frage „Wenn du auf einer einsamen Insel wärst und niemand da wäre, würdest du dich sicher auch nicht schminken, oder?"

Was ich dir damit sagen möchte, ist folgendes: Ein Mann hat dich so zu akzeptieren wie du bist, denn er hat dich so kennengelernt. Wenn es ihm nicht passt und er versucht dich schlecht zu machen oder an dir etwas verändern will, dann ist er definitiv nicht der Richtige!

Der Richtige respektiert dich und das von Anfang an!

Das Ganze ging dann immer weiter, bis ich irgendwann erkannt habe, dass er selbst absolut kein Selbstvertrauen hatte und er mich dadurch schlecht machen wollte, damit er sich besser fühlt. Zum damaligen Zeitpunkt war ich nicht in der Lage dies zu erkennen, da er mir so gefallen hat und ich die rosarote Brille auf hatte.

Heute passiert mir das nicht mehr, denn ich kenne meinen Wert und muss mich schließlich für nichts rechtfertigen. Damit möchten wir dir sagen, dass der Richtige dich genauso akzeptiert wie du bist, mit all deinen Ecken und Kanten, mit Make-Up im Gesicht, oder ohne! Wenn du dich verstellen musst, bist du nicht mehr du und bist somit auch selbst nicht glücklich, was wiederum keine gute Basis für eine langfristige Beziehung ist.

Gerade zu Beginn kann ich dir sagen, dass es auch eine sehr große Rolle spielt, wie aufmerksam er ist und wie viel Zeit er dir schenkt. Wenn er gerne und viel Zeit mit dir verbringen möchte, kannst du davon ausgehen, dass er ernsthaftes Interesse an dir hat. Genauso wichtig ist es aber, dass er dir gegenüber aufmerksam ist und sich um dich bemüht.

Denn wenn ein Mann weiß, dass er dich sicher „hat" und du dich beispielsweise nur für ihn interessierst, schwindet sein Interesse an dir und er wird sich automatisch weniger um dich bemühen. Oftmals merken wir es sogar und wissen, dass genau das passiert. Doch mit rosaroter Brille wollen wir es einfach nicht wahrhaben.

Noch wichtiger ist es, dass ihr beide einfach auf einer Art Wellenlänge seid und ihr euch stundenlang über belanglose, unwichtige Themen unterhalten könnt. Meiner Meinung und Erfahrung nach, ist Kommunikation das allerwichtigste und wertvollste in einer Beziehung. Sogar nicht nur in einer Beziehung, sondern bei allem, sei es bei der Arbeit oder zwischen Freunden.

Die meisten Beziehungen scheitern aufgrund Missverständnisse, sprich aufgrund fehlender bzw. mangelnder Kommunikation.

Für uns Frauen ist es doch aber genauso wichtig, dass uns einfach mal zugehört wird. Wahrscheinlich denkst du, dass das doch eh kein Mann kann! Aber wir sagen dir, das stimmt nicht. Das können Männer sehr wohl, jeder hat seine Stärken und seine Schwächen. Genauso ist es bei den Männern, denn die einen können gut einparken, die anderen dafür gut zuhören.

Gerade in der Kennenlernphase ist es so wertvoll, wenn man denselben Humor teilt und ihr gemeinsam lachen könnt. Das Leben ist doch sowieso oft viel zu ernst. Genau deshalb sind Menschen, mit denen wir lachen können, Goldwert.

Und nichts macht ohne Ehrlichkeit und Vertrauen Sinn. Auch keine Freundschaft, noch weniger eine Beziehung. Wenn du es mit dem Richtigen zu tun hast, dann vertraut ihr einander, ohne schlimme Eifersuchtsszenen! Natürlich sollte ein gewisses Maß an Eifersucht vorhanden sein, aber alles noch im Rahmen.

Hier wieder eine Story von Lisa:

Ich hatte mal einen Freund, der während unserer Beziehung immer eifersüchtiger wurde. Bis es dann soweit war, dass er sogar auf meine Mama und Schwester eifersüchtig wurde, weil ich mit ihnen ins Kino gegangen bin und nicht mit ihm. Das ist wirklich schon krankhafte Eifersucht! Übertriebene Eifersucht tut beiden in einer Beziehung nicht gut. Du weißt sicherlich, was wir mit einer „übertriebenen" Eifersucht meinen.

Wir wetten, du kennst Männer, die Spielchen spielen? Der Richtige wird dies sicherlich nicht tun!

Er spielt keine Spielchen und ist ehrlich zu dir! Er unterstützt dich, ist für dich da, wenn es dir mal nicht gut gehen sollte!

Der Richtige bezieht dich nach einer gewissen Zeit in sein Leben mit ein und plant eine gemeinsame Zukunft mit dir.

Er will mehr von dir! So wirst du erkennen, dass er ernste Absichten hat!

Wichtig ist es, vor allem herauszufinden, wohin er im Leben möchte. Welche Werte und Ziele hat er? Keine Angst, sie müssen nicht zu 100% mit deinen identisch sein. Aber sie sollten zumindest einigermaßen ähnlich sein.

Noch wichtiger, ist die Frage: **Was willst du?**

Kapitel 3

Wer bist du und was willst du?

Zuerst müssen wir gemeinsam rausfinden, wer du überhaupt bist und was du in deinem Leben willst.

Erst wenn du das weißt, kannst du nach dem richtigen Partner Ausschau halten. Denn stell dir mal vor, du lernst einen richtig tollen Mann kennen, du verknallst dich direkt in ihn, hast die rosarote Brille auf und nach ein paar Wochen oder sogar Monaten stellst du dann erst fest, dass er ganz andere Ziele im Leben hat, als du! Er möchte auswandern, keine Kinder bekommen und würde am liebsten jedes Wochenende feiern gehen.

Du hingegen, möchtest allerdings am liebsten in ein paar Jahren mit der Familienplanung loslegen und dir zudem ein schönes Eigenheim sichern. Klar, Ziele ändern sich auch. Aber wenn er beispielsweise schon von vornherein sagt, er möchte mal keine Kinder haben, du aber schon, dann ist dies ein driftiger Grund, bei dem du dir ernsthafte Gedanken machen solltest, ob es dann überhaupt noch Sinn macht den Mann weiter zu daten und ihn näher kennenzulernen.

Wie soll deiner Meinung nach eine „perfekte" Beziehung aussehen?

Welche Werte und Ziele hast du im Leben?

Zugegebenermaßen sind das keine einfachen Fragen. Aber keine Sorge, denn wir machen das gemeinsam! 😊 Nimm dir jetzt am besten ein paar Schreibunterlagen zur Hand.

Bevor wir starten, wollen wir dir nochmal sagen, dass du wissen musst, wer du wirklich bist und was du in deinem Leben erreichen möchtest. Das ist die Voraussetzung, um den richtigen Partner fürs Leben zu finden.

Lass uns jetzt aber loslegen!

Schreibe dir die folgenden Fragen auf und beantworte diese ganz ausführlich. Nimm dir dafür mindestens 30 Minuten Zeit und beantworte die Fragen in aller Ruhe. Das ist wirklich wichtig! In diesem Buch wollen wir dir nicht nur Theorie vermitteln, sondern auch Praxis. Wir wollen, dass du wirklich den Richtigen findest und vor allem auch selbst weißt, was du möchtest. Hier die Fragen:

Welche Eigenschaften zeichnen dich aus?

Schreibe mindestens 15 Positive auf!

Hier einige Beispiele:

Humorvoll, ehrlich, vertrauenswürdig, loyal, hilfsbereit, intelligent, kreativ, reflektiert, sympathisch, ehrgeizig, diszipliniert, attraktiv, flexibel, tolerant, witzig, spontan, sportlich, wissbegierig, temperamentvoll, ausgeglichen, unterhaltsam, unternehmenslustig, ehrgeizig, sorgfältig, anpassungsfähig, zielbewusst, respektvoll, kommunikativ, vernünftig, warmherzig, liebevoll...

Finde jetzt heraus welche fünf deine wertvollsten Eigenschaften sind!

1.
2.
3.
4.
5.

Worin liegen deine Stärken?

Hast du dich jemals zuvor gefragt, ernsthaft gefragt, was deine Stärken sind? Manchmal dauert es ein bisschen, bis man wirklich all seine Stärken erkennt. Die folgenden Fragen werden dir dabei helfen:

-Was kann ich extrem gut?

-Was fällt mir sonderlich leicht?

-Was mache ich in meiner Freizeit?

-Zu welchen Themen werde ich öfter um Rat gefragt?

-Welche Komplimente/Lobe bekomme ich von anderen?

Nimm dir hier wirklich genügend Zeit, um all die Fragen ausführlich zu beantworten. Anschließend kannst du auch einfach deine Liebsten fragen, welche Stärken du ihrer Ansicht nach hast.

Was hast du bisher schon geleistet?

Wir geben zu, es ist wirklich keine einfache Frage. Als uns diese Frage einmal gestellt wurde, dachten wir selbst, was haben wir schon groß geleistet. Na das übliche halt, den Schulabschluss der Mittleren Reife, die abgeschlossene Berufsausbildung, den Führerschein und ja, hier gerieten wir schon ins Stocken. Als wir uns die Frage noch weitere Male gestellt hatten, sind uns wirklich einige Dinge eingefallen, auf die wir zu Beginn gar nicht gekommen wären. Und zwar, dass wir mehreren Menschen zu mehr Gesundheit verholfen haben, dass wir Menschen die Möglichkeit gegeben haben, ihr Leben positiv zu verändern und glücklicher zu leben. Außerdem hat Lisa sogar einem Tier das Leben gerettet. Wir sollten alle viel mehr auf unsere eigenen Leistungen stolz sein!

Jetzt bist du an der Reihe! Lass dir beim Beantworten der Frage genügend Zeit und du wirst immer mehr merken, was du bisher schon geleistet hast und kannst deshalb schon jetzt extrem stolz auf dich sein!

Vielleicht hast du auch schon einem Menschen oder einem Tier das Leben gerettet, oder du hast schon mal einem fremden Menschen, durch ein Kompliment, eine Freude bereitet. Wie du siehst, erkennt man nicht immer auf den ersten Blick, was ein Mensch schon alles in seinem Leben geleistet hat. Jeder Mensch ist besonders, weil jeder in irgendeiner Art und Weise großartiges in seinem Leben geleistet hat!

Welche Schwächen hast du?

Um dich selbst besser kennenzulernen, musst du natürlich auch wissen, welche Schwächen du hast. Es gehört genauso dazu. Und keine Angst, du weißt selbst, dass jeder Mensch Schwächen hat.

Wer bist du und was willst du?

Nimm dir auch hier wieder ausreichend Zeit, soviel du brauchst und stelle dir in völliger Ruhe die folgenden Fragen und beantworte diese schriftlich:

Was fällt dir im Alltag eher schwer?

Wann gerätst du in Stress?

Welche Situationen gibt es, in denen du dich unwohl fühlst?

Was macht dich wütend?

Was machst du eher nicht so gerne?

In welchen Situationen fühlst du dich unsicher?

Es ist nicht einfach, sich seine Schwächen einzugestehen. Aber jeder Mensch hat sie. Stärken sowie Schwächen. Als nächstes gehen wir wieder auf etwas Positiveres ein 😊. Auf deine Interessen!

Welche Interessen hast du?

Was machst du am liebsten in deiner Freizeit?

Worüber redest du gerne und stundenlang?

Wo und wann fühlst du dich besonders wohl?

Wann vergisst du die Zeit?

Was würdest du machen, wenn Geld keine Rolle spielen würde?

Welche Werte vertrittst du?

Eine extrem wichtige Frage! Vor allem auch bei der Partnerwahl. Was sind Werte? Werte sind das, was einem im Leben besonders wichtig ist. Du kommst mit einem Partner besser zurecht, wenn ihr dieselben oder zumindest ähnliche Werte vertretet. Auch hier werden wir dir helfen, deine persönlichen Werte zu ermitteln:

Was ist dir im Leben besonders wichtig?

Worauf legst du großen Wert und warum?

Hier einige Beispiele:

Ehrlichkeit, Vertrauen, Familie, Erfolg und Freiheit.

Welche Ziele hast du in deinem Leben?

Unsere Ziele waren ganz klar, eine eigene Familie gründen, heiraten, Kinder bekommen, eine gute Frau zu sein, ein Haus zu bauen oder zumindest in Eigentum zu leben. Vielleicht noch 1-2 x im Jahr in den Urlaub zu fahren. That's it!

Aber mal ganz ehrlich, im Leben gibt es doch noch so viel mehr, was man machen kann, was man erreichen möchte und was auch zu einem selbst passt. Und genau das musst du für dich herausfinden.

Dann wirst du merken, dass du plötzlich noch ganz andere Ziele hast, Ziele, die nur mit dir selbst zusammenhängen und die du dir selbst ermöglichen kannst. Ziele, die du aus dem tiefsten Inneren erreichen möchtest.

Vielleicht weißt du gerade auch gar nicht, was wir damit meinen. Bei uns war es so, dass wir angefangen haben, uns mehr mit uns selbst zu beschäftigen. Wir haben angefangen uns persönlich weiterzubilden. Beispielsweise durch Bücher, Seminare oder YouTube Videos.

Und so kam es dazu, dass wir mit der Zeit gespürt haben, dass es noch so viel mehr im Leben gibt, was wir machen möchten. Uns wurde bewusst, dass wir nicht einfach nur Mama und Frau sein wollten, sondern wir uns persönlich entfalten und unsere Ziele verwirklichen wollen. Ein Ziel war es zum Beispiel, mal ein eigenes Buch zu schreiben. Sei es ein E-Book oder ein physisches Buch. Und genau dieses Ziel haben wir uns erfüllt!

Es ist einfach so, dass jeder Mensch in seinem Leben Ziele braucht. Ziele, die man auch alleine erreichen kann. Auf die man alleine hinarbeitet.

Stell dir mal vor, dein einziges Ziel ist es, den richtigen Partner zu finden. Was machst du dann, wenn du ihn gefunden hast? Du brauchst Aufgaben und Ziele, denn dadurch fühlst du dich wohl, blühst auf und strahlst das auch voll und ganz aus.

Wer bist du und was willst du?

Was wir dir damit sagen möchten, ist, dass du dich selbst glücklich machen sollst. Auch wenn es nur Kleinigkeiten im Alltag sind. Erst, wenn du selbst mit dir glücklich bist und auch mal die Zeit mit dir selbst genießt, kannst du auch eine glückliche und langfristige Beziehung führen. Denn eine glückliche Frau zieht einen glücklichen Mann an und umgekehrt genauso. Frage dich:

Wonach sehnst du dich?

Was willst du gerne erleben?

Wie und wo willst du leben?

Was willst du arbeiten?

Wie sieht für dich ein Leben aus, wenn es keine Grenzen gibt?

Wir sind uns sicher, dass du von dir selbst überrascht bist und so einiges entdeckt hast, was du selbst nicht von dir gedacht hast oder dir nicht zugetraut hast!

Jetzt weißt du exakt, was du im Leben erreichen möchtest. Im nächsten Step findest du somit ganz genau heraus, welchen Partner du möchtest und was er haben sollte, damit ihr zusammenpasst. Dadurch wirst du den richtigen Partner auch viel schneller erkennen.

Lass uns aber nun mit den folgenden Fragen loslegen, diese beantwortest du dir bitte schriftlich und in ganzen Sätzen.

Wichtig ist, dass du die Sätze so formulierst, als hättest du bereits genau diesen Partner, den du dir wünschst. Also in der Gegenwart.

1. Frage: Wie groß ist mein Partner?
   Beispielantwort: Mein Partner ist mind. 1,80 m groß...

2. Frage: Wie alt ist mein Partner?
   Beispielantwort: Mein Partner ist zwischen 28 und 35 Jahre alt...

3. Frage: Welche Statur hat mein Partner?

4. Frage: Wie sieht mein Partner sonst aus?

5. Frage: Woher kommt mein Partner?

6. Frage: Welche Hobbys hat mein Partner?

7. Frage: Welche Interessen hat mein Partner?

8. Frage: Was macht mein Partner beruflich? (Angestellter, Unternehmer etc.)

9. Frage: Welche gemeinsamen Interessen haben wir?

10. Frage: Welche wichtigen Eigenschaften hat mein Partner?

11. Frage: Wie lebt mein Partner?

12. Frage: Welche Ziele hat mein Partner?

13. Frage: Welche Werte vertritt mein Partner?

14. Frage: Wie behandelt mich mein Partner?

15. Frage: Hier kannst du dir noch so viele Fragen stellen und diese beantworten wie du möchtest!

Jetzt müsstest du alle Fragen ausführlich in vollen Sätzen beantwortet haben. Wie fühlst du dich jetzt? Warst du dir vor dem Beantworten der Fragen im Klaren wer du bist, was du willst und vor allem welchen Partner du an deiner Seite haben möchtest?

Schau mal, es bringt doch nichts, es mit irgendeinem tollen Typen zu versuchen, ohne zu wissen, ob er überhaupt zu dir passt. Klar, man weiß es nie zu 100%. Aber dadurch, dass du jetzt exakt weißt, wer du bist, was du willst und wie dein Partner sein soll, fällt es dir viel einfacher den Richtigen zu erkennen. Du denkst öfter daran und sendest dadurch auch sogenannte Frequenzen aus.

Kapitel 4
Die erste Kontaktaufnahme

Befrei dich von dem Gedanken, dass Männer den ersten Schritt machen müssen. Heutzutage ist das längst nicht mehr so - vor allem nicht im Online Dating.

An sich ist das als Frau gar kein Problem, sich zurück zu lehnen und darauf zu warten, angeschrieben zu werden, denn in der Regel platzen die Postfächer von Frauen sowieso aus allen Nähten.

Allerdings möchtest du ja den richtigen Mann für dich herausfiltern. Möchtest du das wirklich davon abhängig machen, wer sich als erstes bei dir meldet? Wenn du jemanden auf den ersten Blick sympathisch findest, was spricht denn dagegen, dass du den Schritt wagst und den Mann kontaktierst? Gib am besten eine Besonderheit über dich Preis, um ihn neugierig auf dich zu machen und beende deine Nachricht mit einer Frage, die nach echtem Interesse klingt - so ermutigst du ihn, dir zu antworten. Hast du beispielsweise etwas in seinem Profil gelesen, worüber du gerne mehr erfahren möchtest? Frag ihn doch einfach danach!

Mach dir nicht zu viele Gedanken, was du schreiben sollst. Eine lockere Nachricht kommt besser, als wenn du seit Stunden versuchst, diese „eine" Nachricht zu verfassen. Schaue in seinem Profil nach Gemeinsamkeiten bzw. Anknüpfungspunkte, worauf du näher eingehen kannst. Mache ihm beispielsweise ein ehrliches Kompliment und achte darauf, dass du Negatives, sowie persönliche Krisen außen vorlässt. Du darfst ihn auch gerne beim Namen nennen. Jeder Mensch hört es gerne, wenn man ihn beim Namen anspricht. Dies wirkt auch gleich viel persönlicher.

No Go´s - das solltest du auf keinen Fall schreiben

Die erste Nachricht sollte nicht allzu lang sein. Niemand möchte direkt am Anfang schon mit einer kompletten Lebensgeschichte eines Fremden kontaktiert werden. Damit schlägst du ihn womöglich ungewollt in die Flucht, denn sonst verliert man schnell das Interesse, deine Nachricht überhaupt bis zum Ende zu lesen. Wenn du das alles direkt vorwegnimmst, gibst du ihm des Weiteren nicht die Möglichkeit, Interesse an dir zu zeigen und Fragen zu stellen.

Die erste Kontaktaufnahme

Also, stelle daher lieber selbst ein paar Fragen an den Mann und gehe auf seine Antworten ein. Zwei - drei Sätze reichen vollkommen aus.

Tu' dir selbst den Gefallen und mach dich auf gar keinen Fall klein! Vermeide verzweifelte Phrasen, wie „vielleicht antwortest du mir ja" oder „ich hoffe, ich störe nicht", „Danke, dass du mir schreibst" etc. Denn damit signalisierst du ihm, dass du <u>keine</u> selbstbewusste Frau bist.
Mal ehrlich, es kann sich doch wirklich jeder Mann glücklich schätzen von dir kontaktiert zu werden!

Außerdem raten wir dir, keine Mustervorlagen oder ähnliches zu verwenden, denn wir haben dir bereits einige Tipps an die Hand gegeben, wie du eine individuelle Nachricht verfassen kannst, bei der er garantiert antwortet. Copy Paste führt nur in den seltensten Fällen zum Erfolg, denn der Mann wird merken, wenn die Nachricht nicht für ihn geschrieben wurde.

Des Weiteren raten wir dir, ihn nicht direkt mit Familiengründungsplänen oder Zukunftsvisionen zu überfallen. Nachrichten, wie „Ich würde gerne in ein Häuschen am See ziehen. Wie sieht es mit dir aus?" Hier schrecken die meisten Männer doch eher ab, auch wenn sie eigentlich dieselben Wunschvorstellungen haben. Schau erstmal, ob ihr beide auf einer Wellenlänge seid, dann könnt ihr immer noch über solche Dinge sprechen. Das ergibt sich mit der Zeit.

So schreibt er Dich garantiert an

Du wirst Nachrichten von den unterschiedlichsten Männern erhalten. Bevor du deine Zeit damit verschwendest, jedes dieser Profile zu scannen, lass die Nachricht erstmal auf dich wirken.
Findest du seine Worte sympathisch? Gefällt dir seine Ausdrucksweise? Oder hat er sich in seiner Nachricht null Mühe gegeben und sich womöglich noch nicht mal dein Profil durchgelesen? Bei einer zu schmeichelhaften Nachricht, solltest du vorsichtig sein. Hier ein Beispiel: „Schönes Bild, du wunderschöne Frau! Hast du Lust zu schreiben?"

Die erste Kontaktaufnahme

Das schreiben meistens die Arten von Typen, die massenhaft Frauen anschreiben, nach dem Motto „irgendeine wird schon antworten."

Du willst deinen Traummann finden und möchtest ja schließlich nicht eine von Vielen sein, oder?

Wenn dir eine Frage gestellt wird, die dir für den ersten Kontakt zu früh erscheint, dann darfst du ihm das natürlich sagen. So räumst du direkt Missverständnisse aus dem Weg.

Wir möchten dir noch ein paar mögliche Hinweise mit auf den Weg geben, damit du nicht dieselben Fehler machst, wie wir damals. Ich, Lisa lernte beispielsweise mal einen attraktiven und sympathischen Mann über Tinder kennen, mit dem ich mir wirklich vorstellen konnte, mich mit ihm persönlich zu verabreden.

Zu Beginn haben wir nur wenig miteinander geschrieben, als er ziemlich früh anfing, mir sehr persönliche Dinge über sich zu offenbaren. Dadurch habe ich ihn sehr ehrlich eingeschätzt, was ja eigentlich schon ein gutes Zeichen ist.

Die erste Kontaktaufnahme

Er hatte mir sehr private Dinge anvertraut, wie zum Beispiel, dass er schon seit zehn Jahren Single ist. Der Grund dafür war wohl, weil er sich nach seiner ersten großen Liebe nicht mehr auf eine andere Frau einlassen konnte. Er hatte mir klar und deutlich gesagt, dass er eine Frau braucht, die ihn versteht und ihn aufbauen muss. Dadurch hat er mir das Gefühl vermittelt, dass er sein Leben von einer Frau abhängig macht und er mit seiner Vergangenheit noch nicht abgeschlossen hat. Im Gegenzug hat er mir jedoch nicht eine einzige Frage gestellt, stattdessen hat er ständig nur über sich erzählt. Da er selbst noch einiges mit seinem eigenen Leben zu klären hatte und er noch nicht bereit für eine feste Partnerschaft war, haben wir beide beschlossen, dass es keinen Sinn macht, sich überhaupt persönlich zu treffen.

Wenn dir ein Mann in den ersten paaren Zeilen direkt seine halbe Lebensgeschichte erzählt, ohne sich einmal nach dir zu erkundigen, ist er es nicht wert, dass du dich einmal persönlich mit ihm verabredest. Konzentriere dich lieber auf Männer, die dir direkt am Anfang bereits Interesse vermitteln.

Die richtige Schreibweise

Ganz wichtig: Sei´ du selbst! Bereits in den ersten Nachrichten kann man spüren, ob man auf einer Wellenlänge ist. Dies lässt sich am besten herausfinden, indem man die richtigen Fragen stellt. Am besten sind Fragen, bei denen es um die schönen Dinge des Lebens geht.

Wenn du zudem offene Fragen stellst, bei denen er nicht nur mit JA oder NEIN antworten kann, kommt ihr viel besser ins Gespräch und du findest so mehr über ihn heraus. Mit offenen Fragen meinen wir W-Fragen.

Hier einige Beispiele:

- Was...?
- Wie...?
- Wann...?
- Wo...?
- Warum...?

Wochenendplanung. Die Frage, was er am Wochenende am liebsten macht, sagt schon einiges über ihn aus. Außerdem findest du so heraus, ob eure Pläne miteinander harmonieren. Du kannst ihn auch fragen, wie er sich sein perfektes Wochenende vorstellt oder wo er mal am liebsten hinfahren würde.

Karriere und Lebensziele. Frag ruhig nach, was er in Zukunft noch beruflich vorhat, wie wichtig für ihn Familie ist oder ob er Kinder möchte. Ähnliche Ziele zu haben ist eine wichtige Voraussetzung für eine erfolgreiche Beziehung. Habt ihr hierbei schon deutlich unterschiedliche Ansichten, solltest du deine Zeit nicht weiter verschwenden - denn dies könnte in einer Partnerschaft immer wieder zum Streit führen.

Typfragen, wie zum Beispiel. Wie lebst du? Wie möchtest du mal leben? Was möchtest du mal erleben? Worauf legst du besonders viel wert? Wie sieht dein Alltag aus? Decken sich eure Vorstellungen hier, spricht das für ein weiteres Kennenlernen.

Die erste Kontaktaufnahme

Bleib locker und humorvoll! Wenn du deinem Gegenüber ein Lächeln ins Gesicht zaubern kannst, wird er schnell Sympathie für dich entwickeln, andersrum genauso!

Schreibt nicht zu lange hin und her, sondern verabredet euch schnell, wenn ihr euch sympathisch seid. Dating Apps legen nur den Grundstein für die erste Kontaktaufnahme. Falls ihr schon Wochen oder Monate miteinander schreibt, ist die Gefahr groß, enttäuscht zu werden. Du bildest dir bereits ein Bild von ihm und glaubst zu wissen, wie er ist, ohne wirklich zu wissen, wie er im realen Leben ist. Wenn du nach den ersten Nachrichten merkst, es passt nicht, trau dich ruhig es ihm zu sagen. Du musst dich nicht mit jemandem verabreden, bei dem du von vornherein kein gutes Gefühl hast.

Achtung: Die glücklichsten Beziehungen sind die, in denen man sich in seinen wichtigsten Eigenschaften und Ansichten ähnelt. Doch ein Match zu finden, der dir in ALLEN Punkten ähnelt, wird unmöglich sein. Sei daher nicht allzu selektiv.

Kapitel 5

Die verschiedenen Kommunikationsmöglichkeiten

WhatsApp

- Gerade beim Online Dating macht es wirklich Sinn, dass man baldmöglichst auf einem „privateren Wege" miteinander kommuniziert und nicht rein über die Dating App. WhatsApp ist ein super Tool, das du nutzen kannst. Hier ist man sich schon einen Schritt vertrauter.

    Nach unserer Erfahrung, fragt dich der Mann nach deiner Nummer, wenn er dich näher kennenlernen möchte. Wenn er dies nicht tut, raten wir dir, deine Zeit nicht mit ihm zu verschwenden, denn vermutlich hat er dann kein richtiges Interesse dich kennenzulernen.

Sprachnachrichten

- Mittlerweile sind wir ein großer Fan von Sprachnachrichten. Allerdings war das nicht immer so. Zu Beginn konnten wir unsere Stimme einfach nicht hören, weil es sich so anders angehört hat. Aber mittlerweile haben wir uns daran gewöhnt und machen nun wirklich gerne Sprachnachrichten. Warum solltest du dies auch tun? Nun ja, zum einen bist du dem Mann viel näher und machst dich auch irgendwo interessanter. Außerdem erkennst du auch an seiner Stimme, ob er dir sympathisch ist und ob du ihn überhaupt näher kennenlernen möchtest. Zum anderen, aber auch für dich selbst. Denn dadurch erweiterst du deine Komfortzone und wächst in deiner Persönlichkeit.

Die verschiedenen Kommunikationsmöglichkeiten

Telefonieren / Videochat

- Lisa hat es tatsächlich schon des Öfteren erlebt, dass ihre „Matches" gerne telefonieren oder sogar einen Videochat machen wollten, bevor sie sich persönlich gesehen haben. An sich ist es eine tolle Idee und es zeigt auch, dass sich der Mann Zeit nimmt und dich näher kennenlernen möchte. Auf der anderen Seite sollte dich der Mann lieber persönlich kennenlernen wollen, als nur per Telefon oder Videochat. Klar, du hast auch den Vorteil, ihm per Telefon/Videochat z.B. konkrete Fragen zu stellen und ihn näher kennenzulernen. Jedoch ist es auf dem persönlicheren Wege etwas vollkommen anderes. Unserer Meinung nach, lernst du die Person sowieso erst richtig kennen, wenn du sie im realen Leben triffst.

Kapitel 6

Das erste Date

Du hast bereits einen tollen Mann kennengelernt, mit dem du dich total gut verstehst und das erste Date steht an. Vielleicht hast du auch schon das eine oder andere Mal mit ihm telefoniert. Du möchtest ihn doch dann auch sicherlich baldmöglichst im echten Leben kennenlernen, oder?

Viele Frauen sind immer der Meinung, dass Mann hierbei den ersten Schritt machen sollte und sie um ein erstes Date bitten soll, doch dies ist ein völlig veraltetes Steinzeitdenken. Du brauchst es nicht von ihm abhängig zu machen, ob ihr euch seht - nimm dein Glück selbst in die Hand.

Im Endeffekt ist es doch schließlich viel wichtiger, ob die Chemie zwischen euch beiden stimmt, als die Frage, wer zuerst nach einem Date fragt. Wenn das der Fall ist, wird er sich sehr darüber freuen, dass du die Initiative ergreifst und sich geschmeichelt fühlen.

Wenn ihr euch nun verabredet, stellt sich als allererstes die Frage „Wo sollte man sich am besten treffen?"

Hierbei gibt es viele Möglichkeiten.

Wie wäre es zum Beispiel mit einer Verabredung im Café? Hier könnt ihr euch bei einer gemütlichen und entspannten Atmosphäre in Ruhe unterhalten und euch besser kennenlernen. Ihr könnt euch natürlich auch ganz klassisch in einem Restaurant zum Essen verabreden. Hier siehst du gleich, ob er Benehmen hat und ihr sitzt euch direkt gegenüber, wodurch du an seiner Körpersprache, die wir dir in einem anderen Kapitel etwas näherbringen, erkennen kannst, ob er sich für dich interessiert und dich wirklich toll findet. Auf der anderen Seite bist du hier praktisch gezwungen, bis zum Ende zu bleiben und kannst dich nicht so einfach von ihm verabschieden, wenn er doch nicht dein Typ sein sollte, wie wenn ihr euch nur in einem Café trefft.

Ansonsten habt ihr noch die Möglichkeit in einer Bar etwas trinken zu gehen. Wir raten dir hier allerdings, dass ihr euch eine Bar aussucht, bei der die Musik nicht allzu laut ist, damit ihr euch nicht gegenseitig anschreien müsst, um euch zu verständigen.

Euch bei eurem ersten Date im Kino zu verabreden, würden wir euch nicht empfehlen, da man sich hier nicht richtig unterhalten kann. Hebt euch dies besser für die weiteren Verabredungen auf. Außerdem haben wir die Erfahrung gemacht, dass wenn dich ein Mann direkt als erstes zu sich nach Hause zum „kochen" einlädt oder in die Therme, solltest du dieses Angebot besser nicht wahrnehmen. Ein Mann, der dich wirklich kennenlernen möchte, lädt dich nicht als allerstes zu sich nach Hause ein.

Wir empfehlen dir, wie bereits erwähnt, dass ihr bei eurem ersten Date entweder in ein Café oder in eine Bar geht. Hier habt ihr bei gemütlicher Atmosphäre die Chance auf tiefgründige Gespräche und ein lockeres Kennenlernen.

Achte bei eurem ersten Date in erster Linie auf deine Sicherheit. Trefft euch unbedingt an einem öffentlichen Ort mit viel Publikum und habe immer ein vollgeladenes, eingeschaltetes Handy mit dabei! Du kannst auch eine gute Freundin mit der Uhrzeit und dem Treffpunkt einweihen. Vereinbare am besten auch mit ihr, dass du sie nach eurem Date anrufen wirst. Sonst möchten wir dir noch ans Herz legen, dass du unbedingt alleine wieder nach Hause fahren sollst. Auch, wenn ihr euch noch so gut verstanden habt, solltest du einen „Fremden" nicht direkt am ersten Abend mit in deine Wohnung nehmen oder mit zu ihm nach Hause gehen.

Bist du aufgeregt? Dies ist völlig normal. Lass die Nervosität ruhig zu, denn dein Gegenüber wird ebenfalls aufgeregt sein. Frage dich, wovor du Angst hast oder was im schlimmsten Fall passieren kann? Wäre das Schlimmste für dich, dass du ihm nicht gefällst? Versuche es, etwas lockerer zu sehen.

Sag dir zum Beispiel, „wenn ich ihm nicht gefalle, ist das völlig in Ordnung. Vielleicht gefällt er mir auch nicht" und setze dich selbst nicht unter Druck. Das erste Date ist nicht dazu da, um herauszufinden, ob er Potential hat, dein Ehemann zu werden und mit ihm fünf Kinder zu zeugen, sondern lediglich dafür, um herauszufinden, ob ihr euch gegenseitig sympathisch seid und ihr euch wiedersehen möchtet. Du brauchst also nicht zu verkrampft an die ganze Sache ran gehen. Wenn du dich zu sehr unter Druck setzt, wird er es spüren und sich auch unter Druck gesetzt fühlen.

Behandle ihn daher eher wie einen guten Bekannten und nicht wie einen potentiellen Partner.

Dadurch bist du lockerer und lässt dich nicht gleich emotional auf ihn ein. Gleichzeitig lässt du ihn im Unklaren, ob er für dich überhaupt für eine feste Partnerschaft in Frage kommt. Er wird versuchen, dich von ihm zu überzeugen!

Ganz wichtig: Sei pünktlich! Denk nicht an solche Spielchen, wie „Wenn ich 15 Minuten zu spät komme, findet er mich interessanter". Das ist Quatsch. Du erwartest ja schließlich auch von ihm, dass er pünktlich ist. Erscheinst du pünktlich zu eurem Date signalisierst du ihm, dass dir ein respektvoller und freundlicher Umgang wichtig ist, was übrigens total gut ankommt.

Solltest du es doch mal nicht rechtzeitig schaffen, schreibe ihm unbedingt eine Nachricht, damit er Bescheid weiß.

Das erste Date sollte außerdem nicht länger, als 90 - 120 Minuten gehen. Warum? Man sollte dann aufhören, wenn es am schönsten ist. Wir Menschen sind so gestrickt, dass die letzte emotionale Erinnerung die prägnanteste ist und die meisten Dates werden nach 60 - 120 Minuten eher langweilig, weil irgendwann die Luft raus ist. Das bedeutet, wenn die ersten zwei Stunden eures Dates supertoll und

lustig waren, die letzte halbe Stunde dagegen eher langweilig, wird die letzte halbe Stunde bei ihm eine größere Gewichtung haben, als die zwei Stunden davor.

Was ziehe ich beim ersten Date an?

Die Frage nach dem passenden Outfit quält wohl Männer und Frauen gleichermaßen. Eine allgemeingültige Kleiderordnung gibt es dafür nicht. Am wichtigsten ist es, dass du gepflegt aussiehst und das anziehst, worin du dich wohl fühlst. Wenn du normalerweise keine Röcke und Highheels trägst, verzichte besser auch jetzt darauf. Du wirst sowieso etwas aufgeregt sein und die Situation wird durch ständiges herumzippeln am Rock nicht angenehmer.

Außerdem soll er dich schließlich so kennenlernen, wie du wirklich bist. Geh allerdings auf keinen Fall zu freizügig auf eure erste Verabredung, denn damit könntest du falsche Signale setzen und das willst du doch nicht, oder?

Worüber können wir uns unterhalten?

Stelle ihm gezielte Fragen, wie beispielsweise nach seinen Hobbys, Geschwister, Urlaube etc. Erzähle ruhig auch persönliche Erlebnisse aus deinem Leben, denn das Teilen persönlicher Erfahrungen baut Nähe auf. Jedoch brauchst du nicht direkt alle deine Geheimnisse erzählen. Sonst raten wir dir, dass du ihm nicht allzu sehr zeigst, dass er dir gefällt. Bleib am Anfang ruhig noch etwas distanziert. So machst du ihn neugierig auf dich.

Du kannst ihn auch nach seinem Lebenstraum fragen, denn darüber kann man sich gut unterhalten und du erfährst gleichzeitig, wie er sich seine Zukunft vorstellt. Dinge, die einen bewegen sind immer ein gutes Gesprächsthema.

Am besten ist es, wenn du zielorientiere Fragen stellst und ihn die meiste Zeit reden lässt, denn damit schlägst du zwei Fliegen mit einer Klappe. Auf der einen Seite findest du einiges über ihn heraus, weißt direkt, was er für ein Typ ist und ob er zu dir passen könnte. Auf der anderen Seite denkt er dadurch, dass du ein super aufmerksamer Gesprächspartner bist und man sich toll mit dir unterhalten kann.

Negative Gesprächsthemen, wie persönliche Krisen, dein Ex-Freund, Krankheiten oder Gewichtsprobleme haben bei eurer ersten Verabredung nichts zu suchen. Sonst verbindet er dich nur noch mit deinen Problemen und denkt, dass ihn deine Probleme ebenfalls belasten werden, wenn er noch mehr Zeit mit dir verbringt. Er ist nicht dein Psychotherapeut. Ihr trefft euch, um vor allem einen schönen und entspannten Abend zu verbringen, vergiss das nicht.

Des Weiteren möchten wir erwähnen, dass du bitte unbedingt deinen eigenen Geldbeutel mit zu euren Verabredungen nehmen solltest. Eigentlich sollte dies selbstverständlich sein, jedoch haben wir schon einige verrückte Geschichten gehört, bei denen es nicht der Fall war.

Gehe nicht direkt davon aus, dass er die komplette Rechnung übernehmen wird, sondern rechne lieber damit, dass du selbst zahlst.

Du weißt noch nicht, wie euer Date verlaufen wird. Falls er doch zahlen möchte, ist es natürlich eine sehr schöne Geste von ihm.

Sehe es jedoch nicht als selbstverständlich an! Du bist ja schließlich auch eine selbstständige und unabhängige Frau.

Nach dem Date kannst du gerne dafür sorgen, dass er dich vermisst, indem du ihm AUF KEINEN FALL zuerst schreibst, dass du das Date schön gefunden hast und ihr es unbedingt wiederholen solltet. Auch, wenn es dir schwerfällt und du ihm am liebsten noch am selben Abend schreiben würdest, glaube uns, wir sprechen aus Erfahrung, überlasse ihm das!

Sollte er sich am selben Abend nicht mehr bei dir melden, verfalle nicht in Panik, es kann auch gut sein, dass er sich am nächsten Tag bei dir melden wird.

Denn, wenn du ihm von dir aus schreibst und ihm so zeigst, dass du das Date schön gefunden hast und Interesse an ihm hast, hat er nicht die Gelegenheit darüber nachzudenken, ob du ihn magst oder nicht.

Nur, wenn er darüber nachdenken kann und es noch nicht allzu offensichtlich ist, ist er motiviert, dir gefallen zu wollen. Sollte er sich gar nicht bei dir melden, hat er einfach kein Interesse. Auch das ist in Ordnung, dann soll es einfach nicht sein!

Und jetzt wünschen wir dir ganz viel Spaß und genieße es!

Vergiss nicht - im Vordergrund eures Dates sollte lediglich stehen, eine schöne Zeit zu haben und herauszufinden, ob ihr euch wiedersehen möchtet - mehr nicht.

Kapitel 7

Woran erkennst du, ob er ernsthaft interessiert ist?

Meint es deine neue Bekanntschaft wirklich ernst mit dir? Will die Person etwas Festes? Oder spielt sie dir nur etwas vor? Gerade am Anfang, wenn man jemanden noch nicht richtig kennt, fällt es oft schwer, herauszufinden, ob wirklich ernsthaftes Interesse besteht.

Gerade beim Online Dating ist es nicht ganz einfach. Man muss aber auch dazu sagen, dass es wirklich auf die App drauf ankommt. Bei Tinder oder Lovoo muss man wissen, dass sicherlich die meisten Männer nichts Ernstes suchen. Klar, es kann sich immer etwas Ernsthaftes entwickeln. Die Frage ist nur, ob du das Risiko eingehen möchtest und dem ganzen trauen willst?

Bei anderen Apps, wie beispielsweise Parship oder LemonSwan, sind die Chancen viel höher, dass du auf Männer triffst, die auch ernsthafte Absichten haben und eine Frau für die Zukunft suchen.

Woran erkennst du, ob er ernsthaft interessiert ist?

Gerade am Anfang hat man noch die sogenannte rosarote Brille auf. Man bemerkt mögliche Anzeichen oder Ausreden, denkt sich allerdings oft einfach nur „vielleicht ist das eben seine Art, dass er nicht so oft schreibt". Dabei können uns seine Körpersprache und das Gesagte viel über die Gefühle des Anderen verraten. Damit du deine Zeit nicht mit einem Mann verschwendest, der dir womöglich nur etwas vormacht und du dich voll und ganz auf jemanden einlassen kannst, der es wirklich ernst mit dir meint, erklären wir dir in diesem Kapitel, worauf du achten solltest.

Wenn er sich regelmäßig von selbst meldet und es nicht allzu lange dauert, bis er antwortet ist es ein sehr gutes Zeichen. Natürlich solltest du dich nicht zurücklehnen und nur darauf warten, bis er sich immer von sich aus meldet. Wenn von dir nämlich gar nichts kommt, könnte er es auch schnell als Desinteresse deuten und sich selbst nicht mehr melden. Doch, wenn immer du diejenige bist, die schreibt, sollten bei dir definitiv die Alarmglocken angehen. Es ist auch völlig verständlich, dass man nicht immer sofort antworten kann - es kann immer mal etwas dazwischenkommen, vielleicht hat er sein Handy mal nicht dabei oder sein Akku ist leer –

Woran erkennst du, ob er ernsthaft interessiert ist?

also zerbrich dir nicht gleich unnötig den Kopf, wenn es mal ein paar Stunden dauert, bis er zurückschreibt.

Wenn es allerdings manchmal ein paar Tage braucht, bis du eine Nachricht von ihm bekommst, ist es ein klares Zeichen, dass er definitiv kein ehrliches Interesse an dir hat, oder dich nur „warm" halten möchte. Wärst du ihm wichtig, würde er sich ein paar Minuten am Tag Zeit nehmen, um sich nach dir zu erkundigen, wie es dir geht oder was du gerade machst.

Hier solltest du auch keine Ausreden dulden, wie „ich schreib einfach nicht gerne" oder „ich habe es vergessen, dir zu antworten", „ich hatte einen stressigen Tag" etc. Mal ganz ehrlich, selbst auf der Toilette hat er mal zwei Minuten Zeit, um sich nach dir zu erkundigen.

Wir raten dir ebenso, dass du darauf achtest, wie aufmerksam er sich dir gegenüber verhält. Das ist wirklich extrem wichtig! Hinterfragt er zum Beispiel, was du gesagt hast und möchte er noch mehr tiefgründigere und persönlichere Dinge über dich erfahren? Gibt es während eures Dates oder auch danach immer wieder Momente, in denen du dir denkst „wow, da hat er aber gut aufgepasst"? Hat er nur Augen für dich?

Woran erkennst du, ob er ernsthaft interessiert ist?

Das merkst du ziemlich schnell, indem er so gut wie alles um euch herum ausblendet und mit seinen Gedanken nur bei dir ist. Das heißt, dass er dich wirklich kennenlernen möchte.

Viele Männer wissen auch, dass eine Frau sich zu ihnen hingezogen fühlt, wenn sie viele schöne und positive Erlebnisse gemeinsam hatten. Also besonders dann, wenn sie viel zusammen gelacht haben und Spaß hatten, daher wird er versuchen, dich regelmäßig zum Lachen zu bringen.

Du merkst außerdem, dass du ihm gefällst, wenn er deine Macken charmant und süß findet, anstatt genervt von ihnen zu sein. Du vertauschst gerne links und rechts? Oder hältst bei Horrorfilmen deine Augen zu? Wenn ihr gemeinsam darüber lachen könnt, ist das ebenfalls ein sehr gutes Zeichen.

Ein weiteres Signal ist es, wenn er in dich investiert - seine Zeit, seine Energie, seine Initiative. Damit meinen wir, dass er sich anstrengt, um etwas für euch zu organisieren. Beschäftigt er sich beispielsweise damit, welcher Film gerade im Kino läuft, der dir gefallen könnte oder in welchem Restaurant ihr etwas essen gehen könntet.

Woran erkennst du, ob er ernsthaft interessiert ist?

Vielleicht hast du es ja schon mal erlebt, dass du einen Mann kennengelernt hast, bei dem ausschließlich du dich um ihn bemüht hast und ihn ständig nach Dates gefragt hast, oder? Wir haben dies schon öfters erlebt. Es war dann so, dass wir auf die Frage, wann man sich denn mal wiedersehen würde, nie eine klare Antwort bekommen haben. Stattdessen kam irgendwann nachts eine Nachricht von ihm, dass er nun doch Zeit hatte. Daran merkst du gleich, dass er höchstes ein sexuelles Interesse hat.

Höre in bestimmten Situationen einfach auf dein Bauchgefühl, anstatt dir womöglich unnötig den Kopf zu zerbrechen. Intuition täuscht selten. Solltest du ein ungutes Gefühl haben, missachte es nicht.

Woran erkennst du, ob er ernsthaft interessiert ist?

Körpersprache

Hier möchten wir dir einige Tipps zur Körpersprache im Dating mitgeben.

Körpersprache ist bewusst und unbewusst. Die unbewusste Körpersprache lügt nie. Im Grunde sind es alle Bewegungen von Kopf bis Fuß. Ebenso ist es sinnvoll, wenn man zumindest Basics der Körpersprache kennt.

Wir geben dir nun einige Tipps speziell fürs Date: Wenn ihr euch begrüßt und er zieht die Augenbrauen nach oben, dann heißt es, dass er überrascht ist, also im positiven Sinne.

Bei uns Frauen ist es so, wenn wir dem Mann gefallen wollen oder ihn toll finden, fassen wir uns unbewusst ständig in die Haare oder z.B. an den Hals.

Bei Männern ist es so, dass sie sich aufrichten und sich größer machen wollen, als sie sind. Weil sie sich dadurch männlicher fühlen und dich beschützen wollen.

Woran erkennst du, ob er ernsthaft interessiert ist?

Wenn er dich mag, schaut er dich auch gerne an. Er schaut dir vor allem in die Augen. Wandern seine Blicke öfters auf deine Lippen, denkt er schon darüber nach, wie es wohl wäre, dich zu küssen.

Mit diesen Tipps fällt es dir nun sicherlich etwas leichter, dein Date besser einzuschätzen.

Kapitel 8

Funkstille – was nun?

Schreibst du nun schon länger mit einem Typen und hattest du vielleicht auch schon das eine oder andere Date mit ihm? Du warst bisher immer der Meinung, dass ihr euch total gut versteht und es zwischen euch ganz gut harmoniert - vielleicht war es mit ihm sogar ganz anders als mit den Männern, die du zuvor getroffen hast.

Verspürst du jedes Mal, wenn du wieder eine Nachricht von ihm auf deinem Handy siehst, Freude und bekommst Herzklopfen? Vielleicht hast du sogar das Gefühl, dass es wirklich etwas Ernsthaftes werden könnte? Gefühlsmäßig könnte es einfach nicht besser laufen.

Doch von heute auf morgen meldet er sich nicht mehr und antwortet auch nicht auf deine Nachrichten - einfach so, ohne erkenntlichen Grund!

„Habe ich etwas falsch gemacht?" „Hat er vielleicht gerade einfach nur viel zu tun?" oder „Hat er eine andere kennengelernt?" Diese Gedanken kennt wohl jede Frau von uns. Die Angst, den gerade gefundenen Traummann wieder zu verlieren. Doch all' diese Fragen haben eins gemeinsam - sie sind reine Spekulationen!

Niemand, außer der Mann selbst weiß, warum er sich gerade zurückzieht - es könnte hunderte Gründe für sein Verhalten geben. Doch vermute die Schuld oder die Ursache auf gar keinen Fall bei dir selbst. Zwei dieser möglichen Gründe möchten wir dir gerne erklären, damit du sein Verhalten vielleicht etwas nachvollziehen kannst und trotzdem Ruhe bewahrst.

Gehen wir mal davon aus, dass er eure ganzen schönen Verabredungen auch geschätzt hat. Dann ist er vielleicht gerade an dem Punkt angekommen, an dem er sich fragt, was das zwischen euch beiden werden könnte und ob er dazu schon bereit ist.

Gib ihm diese Zeit - viele Männer brauchen manchmal einfach länger, als wir Frauen, bis sie zu einer Beziehung bereit sind.

Vielleicht hat er momentan auch wirklich furchtbar viel zu tun und weiß nicht, wie er dir mitteilen soll, dass er sich im Moment nicht auf dich konzentrieren kann.

Vielleicht hat er gerade auf seiner Arbeit ein neues Projekt übertragen bekommen, welches sehr viel Zeit in Anspruch nimmt, da er seine Arbeit gut machen möchte. Oder er steckt gerade mitten in den Umzugsvorbereitungen.

Es kann auch sein, dass ein Familienmitglied gerade seine volle Aufmerksamkeit benötigt. Dadurch stellt er fest, dass er sich momentan nicht genügend auf dich konzentrieren kann, so wie du es verdient hättest. Doch, wie sagt er dir das am besten, ohne dich zu verletzen? Natürlich verletzt es dich ebenfalls, wenn er sich urplötzlich zurückzieht –vermutlich sieht er es nicht so, deswegen meldet er sich erstmal einfach gar nicht mehr.

Wenn er tatsächlich der Mann ist, den du in deinem Leben haben möchtest - wenn ihr euch so gut verstanden habt, dass du sagst, dass bis dahin wirklich alles gepasst hat, folgt nun ein Notfallplan, was du tun kannst, damit du wieder sein Interesse weckst und auch, was du unbedingt vermeiden solltest.

Das solltest du nicht tun, wenn er das Interesse verliert

- Lass dich von seinem Verhalten nicht verunsichern und wirke nicht verletzt oder beleidigt. Bewahre unbedingt Ruhe und bleibe trotzdem freundlich und positiv!
- Investiere nicht mehr in ihn, als er in dich. Wenn er nur kurz angebunden ist, schreibe ihm keine langen Nachrichten, in denen du zum Beispiel erzählst, wie anstrengend dein Tag war oder wie sehr du ihn vermisst.

- Laufe ihm nicht hinterher und frage bloß nicht nach, warum er sich nicht mehr meldet. Männer werden genauso ungern unter Druck gesetzt, wie wir Frauen. Außerdem stellst du dich verletzlich und kleiner dar, wenn du ihm deine verunsicherten Gefühle mitteilst.

Das kannst du tun, um sein Interesse wieder zu wecken.

Nimm dir zuerst ein Blatt Papier zur Hand und schreibe dir 22 gute Gründe auf, warum jemand dich mögen könnte. Warum könnte sich jemand in dich verlieben oder mit dir befreundet sein wollen? Du kannst dir dafür auch gerne deine Eigenschaften und Stärken zur Hilfe nehmen, die du dir in Kapitel 3 bereits notiert hast. Das wird dein Selbstwertgefühl unglaublich stärken und dir fällt es leichter, Ruhe zu bewahren.

Wir empfehlen dir auch, dich selbst einmal zu verwöhnen und dir etwas Gutes zu tun! Nimm dir beispielsweise ein langes, heißes Bad oder schaue dir dein Lieblingsfilm an.

Du kannst auch mit einer Freundin essen gehen oder ein gutes Buch lesen. Nutze das Wochenende, um in eine andere Stadt zu fahren oder abends mit Freundinnen auszugehen - die Hauptsache ist, du erlebst etwas, was dir guttut und Spaß macht.

Denn, wenn du etwas erlebst, hast du hinterher auch Etwas, was du ihm erzählen kannst. Vor allem fällt es dir so leichter, aufzuhören, dich nur noch auf ihn zu fokussieren und darauf zu hoffen, dass er sich endlich melden soll.

Nun schreibst du ihm eine Nachricht, in der du ihm erzählst, dass du dich ab sofort einer interessanten Sache widmest und es ruhiger um dich werden könnte. Damit zeigst du ihm, dass du dein Leben auf etwas Schönes konzentrieren wirst und dass das bedeuten könnte, dass er dich weniger sieht. Diese Nachricht wird sehr wahrscheinlich dazu führen, dass er sich wieder mehr meldet und sich um dich bemühen wird.

Beispielnachricht: „Wow! Ich bin gerade total motiviert. Ich habe mir endlich dieses eine Buch bestellt, welches ich schon so lange lesen wollte. Jetzt wird erstmal das Smartphone verbannt! Ich freu mich, bald etwas von dir zu hören."

Damit signalisierst du ihm, dass du ein Mensch bist, der glücklich ist und du deine Zufriedenheit nicht von anderen abhängig machst. Du kannst damit umgehen, dass er sich distanziert und es ist in Ordnung für dich, da du so selbstbewusst und stabil in deiner Selbstliebe bist, dass es dich nicht aufregt. Außerdem macht es dich nicht nur attraktiv, sondern auch interessant, da du ihm so zeigst, dass er nicht der Mittelpunkt deines Lebens ist.

Sollte er sich nach dieser Nachricht nicht bei dir melden, dann akzeptiere, dass er einfach kein Interesse an dir hat. Konzentriere dich daher lieber auf einen Mann, der es ehrlich mit dir meint und dir auch sonst sein Interesse zeigt.

Renne niemals einem Mann hinterher!

Kapitel 9

Was dein Umfeld mit deinem Bauchgefühl zu tun hat

Nichts ist so wichtig wie dein Umfeld. Was meinen wir damit? Dein Umfeld sind Personen, mit denen du dich am meisten umgibst. Beispielsweise, deine Mutter, Vater, Freundin, Schwester, Arbeitskollege etc.

Lisa will dir nun einmal erklären, in welcher Situation sie war und wie sie von ihrem Umfeld beeinflusst wurde:

Vorweg möchte ich dir sagen, dass es ja normalerweise so ist, dass die Personen, die dir Nahestehen, es nur gut mit dir meinen und dir Tipps geben wollen.

Bei mir war es einmal so, dass ich ein Match mit einem attraktiven Mann hatte und wir zu Beginn echt gut miteinander geschrieben hatten. Nach ein paar Tagen hat er sich dann gar nicht mehr bei mir gemeldet, einfach so.

Nach circa einer Woche hat er mich dann wieder angeschrieben. So ging das Spielchen eine ganze Weile.

Er hat mir dann irgendwann einfach so seine Nummer zugeschickt und meinte, dass ich ihm doch mal bei WhatsApp schreiben soll. Das habe ich auch gemacht. Aber mal ganz ehrlich: Das ewige hin und her Geschreibe, hätte mir damals schon zeigen müssen, dass er an mir kein richtiges Interesse hatte. Heute weiß ich, dass er mich einfach nur warmgehalten hat. Er hatte mir einfach so seine WhatsApp Nummer geschickt. Quasi, entweder ich melde mich oder halt nicht. Auch hier hat er sich nicht wirklich bemüht und das schon zu Beginn nicht.

Ich muss sagen, dass ich zu diesem Zeitpunkt schon nicht mehr die große Lust hatte, ihn überhaupt näher kennenzulernen und ihn persönlich zu treffen. Als wir auf WhatsApp geschrieben haben, musste ich feststellen, dass er auf meine Nachricht manchmal acht oder zehn Stunden nicht geantwortet hatte.

Was dein Umfeld mit deinem Bauchgefühl zu tun hat

Natürlich habe ich mich mit meinem Umfeld darüber unterhalten, hier war der Rat: „Ach, jetzt warte mal ab. Sehe das nicht zu eng. Vielleicht ist er arbeiten". Das waren die Tipps von meinem Umfeld!

Ab und zu bin ich in unseren Chat gegangen und habe doch tatsächlich gesehen, dass er ständig online ist. Verrückt oder? :D Ich habe selbst gesehen, dass er Zeit gehabt hätte mir zu antworten, wenn er es gewollt hätte. Hat er aber nicht, was wiederrum heißt, dass er kein ausreichendes Interesse an mir hatte. Dabei dachte ich mir schon, dass er womöglich noch mit anderen Frauen schreibt, was sich später sogar bewahrheitet hat.

Eigentlich habe ich es gewusst, doch ich habe auf mein Umfeld gehört und dachte, jetzt warte ab, gib ihm eine Chance und sehe es nicht so eng! Im Nachhinein der größte Fehler. Ich weiß jetzt, dass ich damals auf mein Gefühl hätte hören sollen und nur auf mich selbst. Klar ist es gut, sich Tipps von anderen einzuholen, aber ich muss dazu sagen, dass es immer darauf ankommt, von wem die Tipps sind.

Was dein Umfeld mit deinem Bauchgefühl zu tun hat

Ein kurzes Beispiel:

Ich fahre seit acht Jahren Auto und habe somit schon einige Erfahrungen beim Autofahren gesammelt. Eine Freundin von mir hat erst seit einem Jahr den Führerschein und hat somit auch nicht allzu viele Erfahrungen und kann mir daher auch eher weniger Tipps geben. Es macht Sinn, auf Leute zu hören, die im entsprechenden Bereich langjährige Erfahrung haben und wissen, wovon sie sprechen. Du weißt, was ich meine, oder? Genauso ist es auch beim Thema Dating und Beziehung.

Und noch wichtiger ist es, dass du lernst auf dein eigenes Gefühl zu hören und es auch annimmst. Ich selbst habe es oft verdrängt und mir dadurch Einiges gut geredet, obwohl mir mein Gefühl etwas anderes gesagt hat. Denn irgendwann später, hatte mein Gefühl immer recht. Und so lernte ich es immer wieder, mein Gefühl wahrzunehmen und auf dieses zu hören.

Kapitel 10

Weitere Dates

Jetzt kommen wir zu den weiteren Dates! Zum zweiten, dritten, vierten...

Das erste Date ist nun vorbei. Du hast es sicherlich richtig gut gemeistert und kannst schon mal stolz auf dich sein. Auch nach den weiteren Dates geht nun das Spielchen weiter „wer sich wohl zuerst meldet?" Wie bereits im vergangenen Kapitel erwähnt, ist hier wieder unser Rat: Melde dich nicht zuerst bei ihm. Männer wollen nun mal jagen und dazu musst du auch gejagt werden können! Ein Mann, dem du nicht mehr aus dem Kopf gehst, stellt sich die Frage überhaupt nicht, wer sich wohl zuerst meldet. Er wird es einfach tun, denn er kann nicht anders!

Wenn er sich jedoch nicht bei dir melden sollte, also gar nicht mehr, dann hat er kein wirkliches Interesse an dir. Wichtig: Er hat aufgrund seiner „Erwartungen" und in seiner Situation kein Interesse.

Es hat nichts mit deiner Person zu tun. Also wir meinen, dass du unbedingt dein Selbstbewusstsein beibehalten solltest und so bleiben solltest, wie du bist. Mach dir selbst keine Vorwürfe, wenn er dir gefallen hat, dass es nicht geklappt hat. Dann war er definitiv nicht der Richtige!

Manchmal ist es einfach so, dass sich beide Menschen sogar toll finden und man sich super versteht, dennoch fehlt aber doch das gewisse Etwas. Die Anziehung zwischen euch.

Wenn er sich aber bei dir meldet, ist das schon mal ein gutes Zeichen, denn er zeigt, dass er weiterhin Interesse an dir hat. Wenn er es gleich ganz richtig macht und dich baldmöglichst wiedersehen will, fragt er dich direkt nach einem weiteren Date.

Wir haben die Erfahrung gemacht, dass wenn dich ein Mann wieder und wieder sehen will, fragt er nach Dates. Da musst du nicht mal fragen.

Jetzt kommt wieder eine Story von Lisa:

Ich hatte online einen sehr interessanten Mann kennengelernt. Wir hatten uns schon mehrere Male getroffen und prinzipiell hat wirklich alles für eine Beziehung gesprochen. Ich erinnere mich noch, dass er wirklich wochenlang jeden Tag nach einem Treffen gefragt hat. Ich muss dazu sagen, dass wir im Prinzip schon fast zusammen waren. Er wollte mich einfach ständig sehen. Egal zu welcher Uhrzeit. Was ja auf der einen Seite wirklich total süß war, jedoch habe ich auch gemerkt, dass ich mich selbst etwas dadurch vernachlässigt habe und ich fühlte mich von ihm sehr unter Druck gesetzt. Obwohl ich ihm nicht immer zugesagt habe, hatten wir uns trotzdem jeden zweiten Tag gesehen. Dadurch, dass wir noch nicht richtig zusammen waren, wir uns aber so oft gesehen haben, ging er schon nach kurzer Zeit automatisch davon aus, dass ich ja eh immer Zeit für ihn habe und ihm immer zusagen werde. Schließlich habe ich gemerkt, dass er sich nicht mehr richtig um mich bemüht hat, weil er sich schon zu sicher war, dass er mich bereits „hat".

Gerade am Anfang der Kennenlernphase ist es daher total wichtig, dass du dich selbst nicht vernachlässigst und auch nicht dein bisheriges Umfeld vergisst. Außerdem solltest du nicht immer verfügbar sein und so dem Mann signalisieren, dass er sich weiter um dich bemühen muss.

Wie viele Dates sollte man haben?

Zugegebenermaßen ist das eine sehr schwierige Frage. Jedoch würden wir heute sagen, dass du nicht mehr als zwei Dates mit demselben Mann pro Woche vereinbaren solltest. Er muss immer wieder das Gefühl bekommen, dass er dich sehen will und nicht genug von dir bekommen kann. Wie bereits erwähnt, weißt du ja mittlerweile schon, dass sich Männer grundsätzlich viel langsamer verlieben, als wir Frauen. Gerade deshalb muss er dich jagen können und dies am besten ein paar Wochen, bevor ihr letztendlich wirklich „zusammen" kommt.

Wir raten dir dringend, dass du emotional unabhängig werden musst. Wir Frauen steigern uns zu oft und zu schnell in Sachen hinein. Deswegen nimm unbedingt unseren Rat an, dass du mehrere Männer gleichzeitig datest. Warum? Weil nur dann bist du emotional unabhängig und hast eine ganz andere Ausstrahlung und der Mann wird nicht das Gefühl haben, dass du nur auf ihn wartest.

Stell dir einfach mal vor, dass du nur mit einem Mann in Kontakt stehst, nur diesen einen Mann datest und plötzlich meldet er sich nicht mehr. Dann bist du vermutlich traurig und enttäuscht. Wenn du mehrere Männer gleichzeitig datest, wird es dir viel besser gelingen, den Richtigen zu finden, da du so auch Vergleiche ziehen kannst. Du hast eine größere Auswahl und du machst es dir selbst so leichter, den Richtigen zu erkennen.

Kapitel 11

Der erste Kuss und das erste Mal

Wenn das erste Date ansteht, wirst du Dir mit Sicherheit die Frage stellen, ob das Küssen erlaubt ist oder ob du doch besser noch ein paar Dates abwarten solltest?

Für manche ist ein Date erst mit einem Kuss gelungen, andere lassen sich lieber noch ein bisschen länger Zeit. Es ist einfach wichtig, dass der Zeitpunkt für euch beide stimmt. Denn es gibt nichts Schlimmeres, als dass dieser Moment durch äußere Umstände oder gar einen Korb zerstört wird. Setze dich da selbst nicht so unter Druck.

Eine Story von Lisa: Ich hatte mich mit einem attraktiven Mann bereits einmal getroffen. Beim zweiten Date, welches nur drei Tage später war, haben wir zuerst Billard gespielt und uns anschließend noch gemeinsam einen Kinofilm angeschaut. Im Kino hat er sich schon nach ungefähr 15 Minuten sehr aufdringlich verhalten. Für mich war es ein sehr unangenehmes Gefühl, da es mir einfach zu schnell ging und ich bis zu diesem Zeitpunkt noch nicht wusste, auf was er hinaus möchte.

Ich bin richtig erschrocken, als er plötzlich und ganz überraschend seine Hand an meine Wange gelegt hat und meinen Kopf in seine Richtung gedreht hatte. In diesem Moment war mir klar, dass er mich ernsthaft während eines Actionfilms versucht hat, zu küssen. Einen schlechteren Zeitpunkt und Ort hätte er sich nicht aussuchen können. Dementsprechend habe ich meinen Kopf so weit gedreht, dass er mich nur auf die Wange küssen konnte. Für ihn war das die pure Enttäuschung, das habe ich danach an seinem Verhalten gemerkt. Wenn er ernsthaftes Interesse an mir hatte, würde er sich trotzdem weiterhin um mich bemühen. Genau das tat er auch!

Wie schnell es zum ersten Kuss kommt, ist nur einer von vielen Faktoren, ob aus einem Date eine längerfristige Beziehung wird oder nicht.

Melanie und ihr Partner haben sich zum Beispiel erst bei ihrer dritten Verabredung geküsst. Das hält einfach die Spannung länger aufrecht. Wir raten dir also gerne, etwas zu warten. Denn, wenn ihr euch direkt am ersten Abend küsst, ist es außerdem noch viel schwieriger zu erkennen, ob er wirkliches Interesse an einer Partnerschaft mit dir hat oder doch nur seinen Spaß möchte.

Er darf sich ruhig etwas anstrengen, sich um dich bemühen und dir somit auch zeigen, dass er dich gut findet.

Wenn er es allerdings auch nach mehreren schönen Verabredungen immer noch nicht geschafft hat, dich zu küssen, spricht nichts dagegen, dass du die Initiative ergreifst, denn auch Männer sind sich oft einfach nur sehr unsicher und haben Angst abgewiesen zu werden. Hör dabei einfach auf dein Bauchgefühl und denk nicht zu sehr darüber nach. Wenn dir danach ist und er den Eindruck macht, dich attraktiv zu finden, dann trau dich gerne!

Bist du nun bereit für das wohl spannendste Thema –
das erste Mal?

Wenn wir Frauen einen Mann kennenlernen, stellen wir uns doch ständig die Frage, wann wohl der richtige Zeitpunkt für das erste Mal ist?

Der erste Kuss und das erste Mal

Ich, Melanie, weiß noch ganz genau, wie unglaublich aufgeregt ich war, als mein jetziger Partner und ich, uns das erste Mal bei ihm zu Hause verabredet hatten. Ich habe mir viele Gedanken darüber gemacht, wie der Abend wohl verlaufen wird und was passieren wird, vor allem aber auch, ob ich mit ihm schlafen sollte oder ob es nicht schon zu früh wäre.

Natürlich habe ich mich mit meiner besten Freundin unterhalten und sie um Tipps gebeten - doch sie konnte mir nicht wirklich weiterhelfen. Also habe ich beschlossen, einfach auf mein Bauchgefühl zu hören. An diesem Abend habe ich gemerkt, dass ich mich noch nicht bereit gefühlt habe - sodass wir trotzdem einen schönen Abend miteinander verbracht haben und zwar ganz ohne Sex!

Im Nachhinein war das absolut die richtige Entscheidung - da er sich von dort an noch mehr um mich bemüht hatte. Unser erstes Mal war dann nach circa drei Wochen. In der Zeit hat er schon Gefühle für mich gehabt, wie er mir gestand. Ich weiß es noch, als wäre es gestern gewesen. Ich war total glücklich und wusste - er ist der Richtige!

Heute sind wir seit über sechs Jahren ein Paar.

Gerade online tummeln sich unglaublich viele Männer rum, die nur eine Frau fürs Bett suchen - deshalb ist es, wenn du ihn online kennengelernt hast, besonders wichtig, nicht zu früh mit ihm in die Kiste zu springen, damit du so den Richtigen von allen anderen herausfilterst. Vielleicht hast du folgende Situation schon mal selbst erlebt: Du hast einen Mann kennengelernt, mit dem du dich auf Anhieb gut verstanden hast. Ihr scheint auf einer Wellenlänge zu sein - er ist außerdem supercharmant und macht dir viele Komplimente. Es scheint für dich so, als würde sich wirklich etwas Ernsthaftes zwischen euch entwickeln können. Nun gehst du ziemlich schnell mit zu ihm nach Hause und ihr landet schließlich gemeinsam im Bett! Kurz darauf merkst du, dass irgendetwas anders zwischen euch ist. Er meldet sich nicht mehr so häufig wie früher - oder er ist, wenn dann nur kurz angebunden oder schreibt dir gar nicht mehr? Vermutlich wird er auch einige dieser Sätze verwendet haben, wie

„Ich habe momentan keine Zeit für eine Beziehung."

„Ich muss erstmal mit mir selbst klarkommen."

Oder andere Ausreden.

Du fragst dich daraufhin vermutlich, ob du vielleicht zu früh mit ihm geschlafen hast und ob du ihn noch etwas hättest warten lassen sollen.

Die Antwort darauf ist ganz klar: Ja, du hast zu früh mit ihm geschlafen.

Die meisten Männer sind so gestrickt, dass wenn sie eine Frau kennenlernen - sei es in einer Bar oder über eine App, möchten sie erstmal nur eines - sie ins Bett bekommen! Das ist allerdings erstmal überhaupt nicht problematisch und du brauchst ihm da auch deswegen nicht böse sein, das liegt in der Natur des Mannes. Als Melanie ihren Freund über eine Dating App kennengelernt hat, war er zuerst auch nicht auf eine feste Beziehung aus, wie er ihr später gestand. Doch, als die beiden gemerkt hatten, dass die Chemie zwischen ihnen passt, sie viel zusammen lachen können und sie nicht sofort mit ihm in die Kiste sprang, änderte sich das.

Vor allem hatte er zuvor schon einige andere Frauen gedatet, die er online kennenlernte, bei denen es sich nur zu einer rein körperlichen Beziehung entwickelte. Dass sie viel zu schnell mit ihm schliefen, war sicherlich einer der Gründe.

Daher empfehlen wir dir, erst mit ihm zu schlafen, wenn er schon dabei ist, Gefühle dir gegenüber zu entwickeln. Ansonsten wird er das Interesse an dir verlieren! Es kann natürlich sein, dass er dich trotzdem weiterhin sehen möchte - einfach, weil euer Sex gut ist - jedoch fühlt er sich nicht „bereit für eine Beziehung". Daher ist es erstmal wichtig, dass du lernst, wie du Gefühle in einem Mann weckst, ohne dass du mit ihm schläfst - damit du deine Zeit nicht verschwendest.

Zunächst solltest du wissen, dass sich Männer anders verlieben, als wir Frauen - sie brauchen tendenziell um einiges länger. Falls du jedoch schon Gefühle für ihn entwickelt hast, raten wir dir, es ihm auf keinen Fall direkt zu zeigen oder zu sagen. Warum?

Wir haben die Erfahrung gemacht, dass sich ein Mann nicht zu sicher sein darf, weil du sonst auf ihn weniger interessant wirkst. Selbst, wenn du alles für ihn tun würdest, sollte trotzdem der Mann sich um dich bemühen und dir zeigen, dass er dich überhaupt verdient hat! Vergiss nicht - gerade beim Online Dating ist die Auswahl groß - deshalb versuche dich, von anderen Frauen abzuheben.

Du wirkst auf ihn viel attraktiver, wenn er nicht genau weiß, ob er dich haben kann. Aber Achtung: Wirke nicht desinteressiert! Du darfst ihm natürlich sagen, dass du ihn magst und ihn gerne weiterhin kennenlernen möchtest, dich aber einfach noch nicht bereit fühlst, mit ihm zu schlafen.

Du bist eine starke Frau - also fühle dich nicht unter Druck gesetzt oder verpflichtet dazu, etwas zu tun, was du nicht willst beziehungsweise, was du später bereuen würdest. Der richtige Mann wird nur noch verrückter nach dir, wenn du so offen und ehrlich bist, es ihm zu sagen.

Vielleicht wird er dich danach aber auch abschießen, wenn du ihm sagst, dass du dich noch nicht bereit fühlst und ihn gerne erstmal weiter kennenlernen möchtest – doch mal ehrlich, willst du so einen Mann wirklich haben?

Wir denken nicht, dass du einen Mann willst, der dich abschießt, nur weil du keinen Sex mit ihm hattest, oder? Du suchst nach der großen Liebe - nach einem Mann, mit dem du eine erfüllte und glückliche Partnerschaft eingehen kannst und der dich auf Händen trägt - sonst hättest du dir dieses Buch nicht gekauft, oder?

Wenn er sich danach tatsächlich nicht mehr meldet, ist er es nicht wert, dass du noch weiter deine wertvolle Zeit für ihn verschwendest und du weißt, woran du bist! Triff dich lieber mit Männern, die es wirklich ernst mit dir meinen.

Respektiert er deine Entscheidung und möchte dich wiedersehen: herzlichen Glückwunsch!

Dann kannst du dich glücklich schätzen, denn du bist gerade dabei, einen Mann kennenzulernen, dem es um viel mehr geht, als dich nur ins Bett zu bekommen und der dich wirklich kennen lernen möchte!

Wie schaffst du es also, dass er sich in dich verliebt?

Führt bei euren Dates tiefgründige Gespräche. Redet über eure Wünsche, eure Vorstellungen und Ziele für die Zukunft. Vertraue ihm auch gerne ein kleines Geheimnis von dir an, wenn du dich schon dazu bereit fühlst, denn dann vertraut er dir auch etwas an, was direkt eine emotionale Verbindung zwischen euch erzeugt.

Bleibe allerdings trotzdem weiterhin ein wenig rätselhaft. Nur, weil du ihm bereits ein kleines Geheimnis von dir verraten hast, muss er trotzdem noch nicht alles über dich wissen. Du musst ihm beispielsweise nicht immer verraten, was du gerade machst oder wo du bist. Menschen sind tendenziell so gestrickt, dass sie immer das als Wertvoll betrachten, was nur begrenzt ist.

Du kennst es sicherlich auch selbst, dass beispielsweise limitierte Produkte immer wertvoller wirken. Das bedeutet, dass er deine Zeit am Anfang als begrenzt wahrnehmen muss - damit du für ihn wertvoll wirst. Habe also nicht immer Zeit für ihn - vor allem nicht auf Abruf! Wir wissen, dass das sehr schwierig sein kann, auch mal abzusagen, da man sich gerade am Anfang so oft wie möglich sehen möchte - doch glaube uns, das wird sich lohnen. Zudem haben wir schon mehrfach die Erfahrung gemacht, dass es wahre Wunder bewirkt, wenn Frau das Gespräch - sei es am Telefon oder per Nachricht zuerst beendet.

Du kannst es so begründen, dass du noch etwas zu erledigen hast oder einfach keine Frau bist, die den ganzen Tag mit dem Handy beschäftigt ist und du lieber das Gespräch mit ihm persönlich weiterführen würdest.

Alle Männer brauchen Lob und Anerkennung - daher mache ihm gerne Komplimente zu seinen inneren Werten - mache ihm jedoch noch keine Komplimente auf sein Aussehen bezogen, denn daran merkt er nur, dass du ihn gut findest und das soll er doch noch nicht wissen, oder?

Finde während eurer Kennenlernphase heraus, welche Stärken und Hobbys er hat, damit du ihn dafür loben kannst. Melanies Partner hilft ihr mittlerweile, ohne Aufforderung, von selbst im Haushalt mit. Sie muss ihm beispielsweise nicht mehr sagen, wann er den Müll runterbringen soll oder wann er die Spülmaschine ausräumen soll. Einfach aus dem Grund, dadurch dass sie ihm auch wegen solchen Kleinigkeiten Anerkennung schenkt und ihn dafür lobt. Er fühlt sich wertgeschätzt und macht es immer wieder gerne, damit er von ihr diese Anerkennung bekommt.

Wir hören immer wieder von einigen Frauen, die wir kennen, wie faul ihre Männer doch im Haushalt sind und wie genervt, wenn man sie nur vorsichtig darum bittet, den Müll runter zu bringen. Für uns Frauen ist das selbstverständlich - doch Männer brauchen wirklich für jede Kleinigkeit Lob und Anerkennung. Wenn du das weißt und das auch umsetzt, macht es dich zu einer ganz besonderen Frau für ihn!

Kapitel 12

Ist er wirklich der Richtige? Woran erkenne ich ihn?

Grundsätzlich können wir dir natürlich nicht sagen, ob du gerade dabei bist, den Richtigen zu daten. Wir können dir allerdings raten, immer auf dein Bauchgefühl zu hören und unsere folgenden Tipps im Hinterkopf zu behalten.

Folgende Anzeichen stehen dafür, dass er der Richtige für dich sein kann:

Du erkennst ihn daran, dass er keine Spielchen mit dir spielt, sondern ehrlich zu dir ist. Das heißt, er lässt dich nicht zappeln. Wenn ein Mann nur an dich denkt und nach dir verrückt ist, will er dir ständig schreiben und somit ständig mit dir in Kontakt sein!

Du erkennst den Richtigen außerdem daran, dass er dich zu schätzen weiß, dir Aufmerksamkeit und dir vor allem seine Zeit schenkt.

Woran erkenne ich, ob er wirklich der Richtige ist?

Hast du es schon mal erlebt, dass dich ein Mann ständig versetzt und dir gegenüber sehr unzuverlässig ist?

Wie würde es sich für dich anfühlen, auf einen Mann 30 – 45 Minuten zu warten und das sogar mehrmals - ohne zu wissen, ob er überhaupt noch auftaucht? Genau das ist Lisa mal passiert!

Wäre er der Richtige für sie gewesen, hätte er sich sicherlich niemals so respektlos ihr gegenüber verhalten – vor allem nicht zu Beginn der Kennenlernphase.

Ein weiteres Anzeichen dafür, dass er der Richtige sein kann, ist es, wenn ihr gemeinsam lachen könnt und ihr denselben Humor teilt. Du hast das bestimmt auch schon mal erlebt, dass man sich bei einer Verabredung auch mal anschweigt und es trotzdem angenehm für beide ist, oder? Denn wenn man auf einer Wellenlänge ist, wird solch ein Schweigen auch nicht für peinlich empfunden. Man genießt es, wenn man sich für einen kurzen Moment mal nichts zu sagen hat.

Woran erkenne ich, ob er wirklich der Richtige ist?

Auf der anderen Seite ist es natürlich auch ein gutes Zeichen, wenn ihr euch stundenlang über belanglose Themen unterhalten könnt, ohne dass es euch langweilig wird.

Gerade am Anfang ist es vor allem auch völlig normal, dass man sich so oft wie möglich sehen möchte, da man vom Anderen nicht genug bekommen kann.

Wenn du es mit dem Richtigen zu tun hast, wirst du es spüren, sowie die Schmetterlinge in deinem Bauch! 😊

Kapitel 13

Start in die Beziehung

Das Gefühl, sich zu verlieben ist wohl das schönste Gefühl, das es überhaupt gibt, aber gleichzeitig auch das Komplexeste!

Sobald langsam Gefühle ins Spiel kommen, schwirren schnell Zweifel zum Beziehungsstatus im Kopf herum.

Wenn ihr euch schon einige Wochen oder vielleicht sogar Monate trefft und ihr beide das Gefühl habt, dass die Chemie zwischen euch stimmt, wird es doch langsam mal Zeit für den nächsten Schritt – meinst du nicht auch?

Doch woher weißt du, ob er auch den nächsten Schritt in Richtung Beziehung mit dir gehen möchte? Ganz einfach - indem ihr darüber sprecht.

Viele Frauen haben Angst so ein Gespräch zu beginnen, weil sie denken, sie könnten den Mann so unter Druck setzen oder ihn ganz vergraulen.

In gewisser Hinsicht ist da auch etwas Wahres dran, wenn du beispielsweise das Gespräch mit dem Satz „wir müssen mal reden", anfängst.

Für ihn hört sich das an, wie eine Drohung. Führe so ein Gespräch lieber spontan, aus einer positiven Situation heraus. Wenn ihr etwas Schönes zusammen unternommen habt, kannst du ihn danach fragen, wo ihr geradesteht oder wie es aus seiner Sicht mit euch weiter gehen soll. Dadurch wird er schnell die Angst ablegen, sich in Gefühle zu verrennen, die vielleicht nicht erwidert werden - denn den meisten Männern fällt es oft schwer, Gefühle zu zeigen, vor allem dann, wenn sie sich nicht sicher sind, ob es auf Gegenseitigkeit beruht.

Für ihn seid ihr noch lange nicht in einer festen Partnerschaft, wenn ihr regelmäßig Sex habt oder er dich schon seinen Freunden vorgestellt hat, sondern erst, wenn ihr euch miteinander geeinigt habt. Daher ist es ganz wichtig, dass ihr da offen und ehrlich darüber sprecht.

Da es uns nicht nur sehr wichtig ist, dich dabei zu unterstützen, deine große Liebe zu finden, sondern auch mit ihm eine lange und glückliche Beziehung zu führen, die nicht nach ein paar Monaten wieder vorbei ist, geben wir dir zum Abschluss noch ein paar Tipps an die Hand, wie er dich nicht mehr loslassen möchte.

Verstell dich nicht, nur um ihm zu gefallen!

Sei von Anfang an so, wie du bist. Verstellst du dich, wirst du die Fassade nicht lange aufrechterhalten können. Vor allem, wenn er dich nicht so nimmt, wie du bist, ist er sowieso der Falsche für dich. Dazu gehört auch, dass ihr beide ehrlich und offen miteinander umgeht. Sollte irgendeine Lüge herauskommen, werdet ihr sehr lange brauchen, bis ihr euch wieder vertrauen könnt und das ist direkt am Anfang einer Beziehung keine gute Voraussetzung für langfristigen Erfolg.

Versuche nicht, ihn zu verändern

Selbst, wenn es Kleinigkeiten gibt, die dich an ihm stören, versuche nicht ihn zu verändern. Du hast dich schließlich auch so für ihn entschieden - genauso wie er ist. Er wird es merken, wenn du versuchst, ihn zu verbiegen. Er wird sich von dir distanzieren und sich früher oder später unerwartet von dir trennen. Wenn dich etwas stört, sprich es lieber direkt an und rede mit ihm offen darüber.

Nimm dir auch mal Zeit für dich

Es ist völlig verständlich, wenn man gerade am Anfang der Beziehung so viel Zeit, wie möglich miteinander verbringen möchte, doch sich Freiräume zu lassen ist unglaublich wichtig. Kümmere dich auch mal um dich, um deine Freundinnen und vernachlässige deine eigenen Hobbys nicht. Sei auch nicht enttäuscht, wenn er mal ein wenig Zeit für sich braucht, wenn er beispielsweise zum Sport gehen möchte oder sich mal alleine mit seinen Freunden trifft. Ihr habt euch dann doch auch viel mehr zu erzählen und ihr freut euch umso mehr, euch wieder zu sehen.

Plane nicht schon die nächsten 25 Jahre mit ihm

Wir Frauen neigen oft dazu, vor allem wenn wir frisch verliebt sind, innerlich schon unseren Vornamen mit seinem Nachnamen zu vergleichen. Hast du dich dabei auch schon mal erwischt? Doch belasse es dabei lieber nur bei deinen Gedanken. Die meisten Männer schrecken eher davor zurück, wenn direkt am Anfang einer Beziehung schon Zukunftspläne geschmiedet werden. Auch, wenn du am liebsten direkt alles durchplanen würdest, lasse ihm und auch dir einfach ein bisschen Zeit. Sollte er der Richtige für dich sein, so habt ihr alle Zeit der Welt und es gibt keinen Grund etwas zu überstürzen.

Setze Grenzen

Damit ihr beide wisst, woran ihr seid und damit er nicht anfängt deine Grenzen zu überschreiten, ist es wichtig, dass du klar und deutlich sagst, was du willst.

Redet miteinander

Einer der wichtigsten Bestandteile einer funktionierenden Beziehung ist wohl die Kommunikation. Kehrt Probleme nicht unter den Tisch, sondern sprecht direkt von Anfang an darüber. Andernfalls kann es dazu kommen, dass dich eine Situation so stark belastet, dass ihr euch ziemlich heftig streitet oder ihr sogar mit Trennungsgedanken spielt.

Wir haben bisher die Erfahrung gemacht, dass viele Männer nicht gerne reden - sollte dein Partner den Gesprächen auch immer aus dem Weg gehen, musst du ihn dir einfach mal schnappen und dich mit ihm an einen Tisch setzen.

Beachte: Mache ihm keine Vorwürfe. Dies führt nur dazu, dass er dicht macht und in Konfrontation geht. So kommt ihr keinen Schritt weiter. Sprich deine Wünsche und Probleme lieber in der „Ich-Form" aus. Das bewirkt Wunder.

Beispiele: „Ich würde mir wünschen, dass …"

„Mich verletzt es, dass …"

„Ich würde mich wohler fühlen, wenn …"

Zuletzt möchten wir dir noch ans Herz legen, dass du immer auf dein Gefühl hören solltest, auch wenn dich dein Kopf manchmal versucht auszutricksen.

Ob du wirklich angekommen bist, wirst du erst nach einer gewissen Zeit feststellen. Nämlich dann, wenn ihr euch richtig kennengelernt habt, mit all euren Stärken und Schwächen. Dazu gehören auch schöne sowie nicht so schöne Zeiten. Deswegen mache dich nicht verrückt! Wenn es der Richtige ist, wirst du es definitiv spüren, glaube uns!

Im Leben ist es vermutlich eine der wertvollsten und schönsten Dinge, eine glückliche Beziehung mit dem richtigen Partner zu führen.

Wenn du die Inhalte dieses Buches nicht nur verstanden hast, sondern auch umgesetzt, weißt du ganz genau, wer du bist, was du willst und kennst nun deinen Wert! Außerdem bist du in der Lage, deinen Traummann online kennenzulernen, ihn zu lieben, ihn zu behalten und mit ihm in eine gemeinsame Zukunft zu blicken.

Denn der Richtige wird stolz und glücklich sein, so eine unglaublich tolle Frau kennengelernt zu haben, mit der er sein Leben verbringen möchte.

Wir möchten uns nun bei dir bedanken und wünschen dir von Herzen alles Gute und ganz viel Erfolg mit deinem Traummann! 😊

Deine Lisa und deine Melanie!

Printed in Germany
by Amazon Distribution
GmbH, Leipzig